AF462928

M... Sc.

Décapitée à Paris, le 16 Octobre 1793.

LE MARTYRE

DE

MARIE-ANTOINETTE

D'AUTRICHE,

REINE DE FRANCE,

TRAGÉDIE EN CINQ ACTES.

A PARIS,
Chez les Marchands de nouveautés.

1793.

PERSONNAGES.

LE PRÉSIDENT DU COMITÉ DE SALUT PUBLIC.
LES MEMBRES DU COMITÉ (à l'exception de Barrere, Robespierre et Danton.)
UN DÉPUTÉ DU DÉPARTEMENT DE L'AISNE.
DANTON.
ROBESPIERRE.
BARRERE.
UN MINISTRE.
UN JACOBIN.
LE ROI.
LA REINE.
MADAME ROYALE.
MADAME ELISABETH.
LE MAIRE DE PARIS ET SES GARDES.
SIMON.
L'ACCUSATEUR PUBLIC.
UN GARDE DU TEMPLE.
LA SUIVANTE DE LA REINE.
SANTERRE.
LE GEOLIER.
UN ENVOYÉ DE SANTERRE.
UN INCONNU.
UN SANS-CULOTTE.
TRONSON.
UN ROYALISTE.
UN CONSTITUTIONNEL.
UN VIEILLARD.

LE MARTYRE DE MARIE-ANTOINETTE, REINE DE FRANCE;

TRAGÉDIE EN CINQ ACTES.

ACTE PREMIER.

Le théâtre représente le sallon d'assemblée du comité de Salut public.

SCENE PREMIERE.

LE PRÉSIDENT DU COMITÉ DE SALUT PUBLIC, LES MEMBRES DU COMITÉ, (*à l'exception de* BARRERE, ROBESPIERRE *et* DANTON) UN DÉPUTÉ DU DÉPARTEMENT DE L'AISNE.

LE DÉPUTÉ.

GÉNÉREUX citoyens, dont l'adroite prudence
Doit fixer à jamais les destins de la France :
Cobourg et ses guerriers, s'avançant à grands pas,
Nous donnent à choisir LOUIS ou le trépas.
Déja nos ennemis, encourageant les traîtres,
De Condé, sans combat, se sont rendus les maîtres;
Envoyé dans ces lieux, par le département,
Pour apprendre aux Français ce triste événement;
Je cherche près de vous des conseils nécessaires,
Vous, du salut public secrets dépositaires.
Paroîtrai-je au Sénat? Peindrai-je des malheurs
Qui pourroient ébranler nos zélés défenseurs?
Instruisez moi : parlez.

UN MEMBRE DU COMITÉ.

Dans ce cruel ravage,
Du perfide Custine appercevez l'ouvrage.

L'infâme commandoit d'invincibles soldats,
Vautours nés pour le sang, et cherchant les combats :
Il devoit attaquer et vaincre avec ses braves :
L'homme libre, en tout tems, fit trembler les esclaves.
L'ami de Dumouriez, citoyens, nous trahit :
L'impunité d'un chef aux crimes enhardit :
Qu'il périsse ! En frappant, sauvons la république.
Ordonnons.

LE PRÉSIDENT.

Arrêtez : votre zele civique,
Dans sa bouillante ardeur, se livrant à l'éclat,
Ne pourroit qu'avancer la perte de l'Etat.
Custine est éloigné : sa dangereuse absence
Exige, en ce moment, le plus profond silence.
(*Au Député.*)
N'allez point au Sénat : par notre comité
Il apprendra bientôt l'exacte vérité.

LE DÉPUTÉ.

J'obéis, citoyen, à vos ordres suprêmes.

SCENE II.

LE PRÉSIDENT, LES MEMBRES DU COMITÉ.

UN MEMBRE AU PRÉSIDENT.

VOUS paroissez tranquille, et nos maux sont extrêmes ?

LE PRÉSIDENT.

Le malheur est un bien, quand l'homme l'a prévu.
Il le falloit.... à tout Robespierre a pourvu...
Ecoutez : mais sur-tout, que votre ame timide
Se garde d'arrêter notre marche homicide.
Commettons des forfaits, ou nous sommes perdus.
Capet est immolé... mais ses nobles vertus
Survivent à sa cendre ; et sans doute la France
De cet assassinat voudra tirer vengeance.
Déja de la révolte on a vu l'étendart,
L'infâme drapeau blanc flotter de toute part.
Gaston, à la Vendée, inspirant son courage,
Y forme des soldats : son séduisant langage
Oppose l'héroïsme à leur timidité ;
Ils marchent sur ses pas avec docilité.
Plus d'une fois son bras, maîtrisant la victoire,
A de nos bataillons anéanti la gloire.

S'il n'est pas arrêté, vous verrez dans Paris,
Reparoître bientôt et le trône et les lys.....
Laissons, laissons Cobourg attaquer nos murailles;
Qu'il force des cités; qu'il gagne les batailles;
Notre dernier soldat est l'égal de Villar;
Il saura triompher dans le camp de César.
Frédéric, immobile aux portes de Mayence,
Ne balancera point les destins de la France.
Le Sarde est abattu. L'Espagnol indolent,
Pour faire des progrès, dans sa marche est trop lent.
La Suisse, à nos genoux humblement prosternée,
A demandé la paix..... L'Europe consternée
Avec reconnoissance acceptera nos lois,
Quand nous aurons détruit les esclaves des rois.
La liberté l'exige: immolons des victimes.....
Elle cesse au moment où nous cessons les crimes.

UN MEMBRE.

Mais enfin, si Custine a trahi le Sénat:
Si, comme Dumouriez, il a livré l'état;
S'il pouvoit de Cobourg culbuter les phalanges;
Marcher jusqu'à Mastricht.....

LE PRÉSIDENT.

Vos soupçons sont étranges.
Custine en vrai guerrier par-tout a combattu.

UN MEMBRE.

Oui: mais par-tout aussi Custine fut battu.

UN AUTRE MEMBRE.

Nous devons publier, et le peuple doit croire,
Que sa fuite à Mayence étoit une victoire.

LE PRÉSIDENT.

Hé quoi!.... la liberté du sang d'un seul mortel
Verroit-elle arroser son chancelant autel?
Dans ce pressant danger doit-elle être muette,
Et ne pas s'opposer à l'espoir d'Antoinette?...
Elle dit à son fils, qu'un jour il sera roi,
Qu'il doit venger son pere, et régner par la loi.
S'ils vivent.... je frémis.... le plus dur esclavage
De nos républicains deviendra le partage:
Etouffons à jamais la race de Capet.

UN MEMBRE.

Etendons les bienfaits de ce noble projet.
Frappons, exterminons cette fiere noblesse,
Dont l'ame s'agrandit au sein de la détresse,

Qui, n'ayant d'autre bien aujourd'hui que son sang,
Pour le jeune Louis l'expose et le répand.
Nos décrets ont proscrit les prêtres fanatiques,
Ceux que Rome soutient et dit apostoliques :
Le peuple nous résiste, en voyant leurs vertus.
Ne souffrons dans l'état que des cœurs corrompus.
Jusque dans les rochers ordonnons une enquête ;
Et puisse le dernier enfin perdre la tête ! . . . .
Que, la torche à la main, nos gendarmes . . . . Danton
A-t-il trouvé les plans de quelque trahison ?
Il vient.

SCENE III.

LES MÊMES ; DANTON.

DANTON.

AH ! citoyens, contre nous tout conspire. . . .
Oui, tout ; même Wimphen méconnoît notre empire.
Ce traître, refusant d'obéir à la loi,
Veut marcher sur Paris, venger Brissot.

UN MEMBRE.

Eh quoi !
Il n'est pas arrêté ?

DANTON.

Non. Notre commissaire
Vouloit exécuter cet ordre nécessaire.
« Le plus fort, dit Wimphen, obéit quand il veut :
» Le soldat est instruit, et sait tout ce qu'il peut. »
Déjà le Calvados, se disant république,
Etablit pour lui seul une force publique.
Nos députés, proscrits aux sots départemens,
Inspirent la fureur de leurs ressentimens.
Le parti Girondin se leve et nous menace :
Il faut, ou l'écraser, ou céder notre place.
Le tems presse. Hâtons-nous.

UN MEMBRE.

Quelle précaution,
Dans ce pressant danger, prend la convention ?

DANTON.

Sur notre comité le Sénat se repose,
Et décrete en tremblant les moyens qu'il propose.

Mais le peuple se lasse : et peut-être aujourd'hui
Seroit-il dangereux de s'appuyer sur lui.

UN MEMBRE.

De nouveaux attentats deviennent nécessaires.
Répandant dans Paris des craintes salutaires,
Annonçant sourdement la disette du grain,
Faisons que l'un à l'autre on s'arrache le pain.
Dans cette extrémité, le riche inexorable,
Refusant son argent, deviendra condamnable :
S'il consent à donner, maître de son trésor,
Nous pourrons espérer : rien ne résiste à l'or.

LE PRÉSIDENT.

Croyez-vous que Wimphen, autrefois notre ami,
Deviendra vertueux, étant notre ennemi ?
L'honneur est le flambeau des fiers aristocrates :
Mais l'intérêt préside aux vertus démocrates....
Robespierre s'avance : Ah ! son regard affreux
Annonce, citoyens, quelque récit fâcheux :
Voyez comme il est sombre.

SCENE IV.

LES MÊMES ; ROBESPIERRE.

ROBESPIERRE.

A Frédéric Mayence
Vient de rendre ses clés, malgré notre défense.

UN MEMBRE.

Seize mille soldats ne l'ont pas défendu ?

ROBESPIERRE.

Sans breche, sans assaut, les traîtres l'ont rendu.
Valenciennes bientôt imite cet exemple.

UN MEMBRE.

Trois villes dans un mois ! .... et Custine contemple,
Sans frapper aucun coup, nos ennemis vainqueurs ;

ROBESPIERRE.

De Gaston, de Wimphen les conseils séducteurs
Renversent dans Lyon la liberté naissante :
Cette ville a parlé : sa voix est menaçante.
Nous voyons échapper Marseilles et Toulon,
Et nos braves soldats sont chassés d'Avignon.
Que vous dirai-je enfin ? nos malheurs sont extrêmes.

UN MEMBRE.

Insensés ! nous voulions briser les diadêmes,

Assassiner les rois, et les rois courroucés
Vengeront l'Univers !

ROBESPIERRE.

Nous sommes menacés ! ....
Que la torche funebre, épouvantant la France,
L'assure à notre empire.

UN MEMBRE.

Une vaine espérance
Nous flatta trop long-tems.

ROBESPIERRE.

Eh bien ! s'il faut mourir,
Dans l'abîme avec nous, sachons tout engloutir.
Barrere, éclairez-nous.

SCENE V.

LES MÊMES; BARRERE.

BARRERE.

Sur nos têtes l'orage....
Autour de nous, la mort... dans nos cœurs le courage.
Exécrable forfait ! ... l'infortuné Marat.
Succombe sous les coups d'un lache assassinat.

UN MEMBRE.

Ce meurtre est un complot des traîtres royalistes.

BARRERE.

Non. Ils sont vertueux .... Brissot, les Girondistes,
Disciples trop instruits par le club Jacobin,
Ont formé dans le sexe un perfide assassin.
Marat finit ses jours ! ... ah ! tremblons pour les nôtres:
Du crime, autant que lui, nous fûmes les apôtres.

LE PRÉSIDENT.

Il est tems, citoyens, de joindre à nos travaux,
Pour calmer les Français, quelques desseins nouveaux :
Délibérons.

BARRERE.

Pesez les diférens décrets
Que j'établis pour base à mes vastes projets;
Ou plutôt, citoyens, l'infortune publique
Présente un vaste champ à notre politique :
Le Sénat abaissé nous devenons plus grands.

ROBESPIERRE.

De cet espoir flatteur quels seroient vos garans ?

BARRERE.

BARRERE.

Du Sénat stupéfait l'aveugle déférence
Qui reçoit nos décrets avec obéissance.
Que notre marche, grande en son obscurité,
L'assujettisse au plan de notre comité.
Unissons nos efforts.

UN MEMBRE.

Expliquez-vous Barrere :
Dans tout votre discours je vois un grand mystere.

BARRERE.

Ecoutez : (le secret pour vous est un devoir)
Sur cette horde infâme usurpons le pouvoir.
Partageant, entre nous, la suprême puissance,
Nous périrons ensemble, ou sauverons la France.
Avez-vous oublié que le triumvirat
Mit Rome dans les fers, ainsi que le Sénat ?
Marius et Sylla furent ce que nous sommes :
N'ont-ils pas répandu le plus pur sang des hommes ?
Devenus tout-puissans par la proscription,
Ils firent respecter leur domination ;
Et flattant avec art l'orgueil de l'indigence,
Ils surent s'enrichir des biens de l'opulence.

ROBESPIERRE.

Depuis deux ans, mon cœur méditoit en secret,
Et n'osoit exposer cet important projet.
Mais quels sont vos moyens ? Citoyen, prenez garde
Que le peuple inquiet en tous lieux nous regarde.
Son œil est attentif, et tous nos mouvemens
Deviennent le sujet de ses raisonnemens.

BARRERE.

Du Français avili, qu'avez vous donc à craindre ?
Réduit à se cacher, osera-t-il se plaindre ?

UN MEMBRE.

Il peut changer.

BARRERE.

Il fut, dès le commencement,
De notre cruauté le servile instrument.
Des ames, de carnage et de sang altérées,
Par des remords tardifs ne sont point déchirées.
Danton et Robespierre, allez aux Jacobins ;
Parlez, encouragez, assurez nos desseins :
Demandez, pour Marat, une prompte vengeance.
D'un deuil universel couvrez toute la France.

Que la Vendée en feu, devenant un désert,
Soit enfin le tombeau de quiconque la sert.
Que Custine, à leurs yeux, paroisse comme un traître
Qui se joint à Cobourg pour nous donner un maître,
Qui, sans aucun talent, conduisant les soldats,
Les a fait égorger au milieu des combats.
Soutenez que Condé, Valenciennes, Mayence,
Par ses perfides soins, ont été sans défense;
Qu'ami de Dumouriez, il a trahi l'état;
Qu'il doit, pour le sauver, périr avec éclat.

UN MEMBRE.

Peut-être le soldat exige sa présence?

BARRERE.

Le soldat effréné gardera le silence.
Nul devoir du soldat envers le général,
Quand il ne voit en lui qu'un homme son égal....
Le reste est mon affaire: et Marie-Antoinette
Périra sous l'effort de ma rage discrette.

LE PRÉSIDENT.

Puissiez-vous, à son fils portant les mêmes coups,
Joindre l'un à son pere, et l'autre à son époux!

ROBESPIERRE.

Allons aux Jacobins préconiser Barrere.

DANTON.

Son plan réussira.

BARRERE.

Si vous savez vous taire.

SCENE VI.

LES MÊMES (*à l'exception de* ROBESPIERRE ET DANTON,) UN MINISTRE.

BARRERE.

LE ministre pensif précipite ses pas.
Que vient-il nous apprendre?

LE MINISTRE.

Ah! je ne pensois pas
Que le peuple, à Paris, affectant l'arrogance,
Eût pour le bien public autant d'indifférence.

LE PRÉSIDENT.

Pourquoi nous alarmer par de vaines terreurs?

LE MINISTRE.

Prévenez, ou bientôt vous verserez des pleurs:

Des hommes inconnus, à Louis, à sa mere,
Proposent de leurs bras le secours salutaire.
Le riche citoyen semble vouloir un roi :
On entend des clameurs : Paris, saisi d'effroi,
Veut peut-être en ce jour, du fond de sa retraite,
Pour nous tyranniser, retirer Antoinette.

BARRERE.

Et sans doute placer sur le trône un tyran,
Objet d'horreur pour moi, quoiqu'il soit un enfant ?

LE MINISTRE.

Des grouppes trop nombreux environnent le Temple.
Le peuple stupéfait est là qui les contemple.
Il écoute, il admire un perfide orateur
Qui glisse le poison jusqu'au fond de son cœur.
J'ai vu couler des pleurs ; j'en conçois des alarmes.

BARRERE.

Laissez, laissez couler ces impuissantes larmes.
D'un enfant courroucé l'énergique soupir
Exprime sans danger son stérile desir.
Rassurez-vous : les pleurs annoncent la foiblesse.
Le peuple gémissant déplore sa détresse ;
Mais il chérit toujours la douce liberté.

LE MINISTRE.

Je le crois : cependant je crains la majesté
D'un discours séducteur. Si le destin conspire,
Bientôt la France entiere échappe à notre empire.
Je me suis approché... mais, ciel!... qu'ai-je entendu ?
Je tremble . . . je frémis . . . le Sénat est perdu . . .
Il disoit : « L'heure sonne, et le moment s'avance,
» Où, défendant mon roi, je défends l'innocence.
» J'irai dans ces climats que le cri de l'honneur
« Peut encore émouvoir. Avec combien d'ardeur,
» Ces hommes, ces héros que produit la Bretagne,
» Entraînés par Gaston, et quittant la campagne,
» Forceront les cités à connoître leur roi,
» A rétablir de Dieu la véritable foi ! »

LE PRÉSIDENT.

Mais que disoit le peuple ?

LE MINISTRE.

Il étoit immobile.

BARRERE.

Ils n'éclaireront pas cette race imbécille.
Tout est prévu. Sachez que ces fiers orateurs
Sont du club Jacobin les plus grands zélateurs.

Ils offrent un appât aux bons aristocrates,
Qui viendront se livrer .... Nos rusés démocrates,
Se baignant dans leur sang, par un dernier effort,
Pourront de leur empire éterniser le sort.
De leurs discours trompeurs souffrez donc la licence.
Tout va bien, croyez-moi; tout, jusqu'à la démence
Du peuple dépravé, seconde nos projets:
Je vois dans mes égaux maintenant des sujets.

LE MINISTRE.

Ah! puisse le succès combler votre espérance!

BARRERE.

Citoyens, suposons que moitié de la France,
Succombant sous nos coups, aux siecles à venir,
Offre de nos forfaits le brillant souvenir,
Que le cultivateur, en remuant la terre,
Arrache de son sein les restes de son pere;
Que la veuve indigente appelle son époux,
Victime qu'immola notre juste courroux;
Que tous les monumens soient réduits en poussiere;
Que nous fassions enfin un vaste cimetiere....
Mon ame s'aggrandit..... ce spectacle enchanteur
Imprime ses attraits jusqu'au fond de mon cœur.
Plus ces débris sont grands, plus grande est notre gloire.
C'est de la liberté la sublime victoire.

LE PRÉSIDENT

Des rivieres de sang n'assurent pas vos lois,
Si vous laissez survivre un rejeton des rois.
Faites mourir le fils, exterminez la mere,
Qui porta dans son sein un tyran pour la terre.

UN MEMBRE.

Le succès des combats fixé par le hasard,
A notre vœu commun apporte du retard:
Car, si la liberté devient une chimere,
Je ne veux pas pour elle expirer de misere.
Que le glaive sur eux demeure suspendu,
Attendons pour frapper que nous ayons vaincu.
Sans mystere, aujourd'hui devant vous je m'explique:
Par le sang, par le feu, sauvons la république;
Mais, si tous nos efforts ne réussissent pas,
Songeons à préserver nos têtes du trépas.
Antoinette, long-tems de tourmens fatiguée,
Sera facilement par nos cris subjuguée.
Publiant les premiers notre soumission,
Elle ouvrira son cœur à la compassion.

LE MINISTRE.

En effet, cette femme a l'ame généreuse :
Mais est-elle sans crime, étant trop vertueuse !...
Pourquoi conserve-t-elle une religion
Proscrite par les lois de la Convention ?
Pourquoi penser toujours qu'elle fut souveraine,
Et ne pas accepter le rang de citoyenne ?

LE PRÉSIDENT.

Hé quoi ! vous balancez ! quiconque a des aïeux
Pour des hommes égaux est toujours dangereux.
La vertu n'est qu'un nom : la naissance est un crime.
Immolez Antoinette, ou Louis nous opprime.

SCENE VII.

LES MÊMES : UN JACOBIN.

BARRERE, *au Jacobin.*

QUELLE est la volonté du club des Jacobins ?
Pouvons-nous espérer ?....

LE JACOBIN.

Les plus heureux destins.
Robespierre et Danton operent des merveilles.
Des hurlemens affreux ont frappé mes oreilles.
En tigres altérés, ils demandent du sang :
Cette brûlante soif passe de rang en rang.
Tout homme qu'on suspecte est déclaré coupable.
Voilà du tribunal la regle invariable.
On veut que d'Antoinette on sépare Louis,
Et qu'à la guillotine on la traîne aujourd'hui.

BARRERE.

Ainsi, dans tous les tems, par des discours atroces,
Les peuples ont conçu des sentimens féroces.
Profitons du moment : rendons-nous au Sénat ;
Que son décret ordonne un nouvel attentat.

Fin du premier acte.

ACTE II.

Le théâtre représente le sallon de l'appartement que la Famille Royale occupoit au Temple.

SCENE PREMIERE.

LE ROI, LA REINE, MAD. ROYALE.

LA REINE.

Approchez, mes enfans ; voyez dans votre mere
Les restes languissans d'une affreuse misere.
Sur un front sillonné, mes cuisantes douleurs
Du sort le plus funeste impriment les horreurs.
D'une triste existence épuisant l'amertume,
Je nourris dans mon sein un feu qui me consume.

MADAME ROYALE.

Ah ! maman ! ah vivez ! vous aurez notre amour.

LA REINE.

Lui seul, mes bien-aimés, dans ce triste [illegible]our,
Par vos embrassemens, peut étouffer mes larmes :
Mais il ajoute encor à mes justes alarmes....
Le plus parfait des rois, par la main d'un bourreau
Au nom de ces sujets, descendit au tombeau.
Votre pere n'est plus.... je périrai de même.
Puisque j'ai partagé l'éclat du diadême....
De ce peuple effréné la constante fureur,
Par mille cruautés, prolonge ma douleur ;
Mais, dans mon cœur brisé, la nature expirante
Me montre de la mort l'image consolante.
Enfans trop malheureux !... quel sera votre sort ?...
Mon fils, d'un œil serein envisageant la mort,
Je puis, par mes conseils, éclairer ton enfance.
Soumets-toi, sans murmure, à cette providence,
Dont les sages décrets sont cachés aux mortels.
Le Sénat, du vrai Dieu renversa les autels :
Crois en lui, mon cher fils, observe sa loi sainte :
Supporte tes malheurs sans foiblesse et sans plainte.
Si le sceptre en tes mains doit retourner un jour,
Fais cueillir au François les fruits de ton amour :
Qu'ils soient heureux. D'un roi la sublime vengeance
Ne punit les forfaits que par la bienfaisance.

Sans foiblesse, des lois exact observateur,
Bannis de tes conseils le vil adulateur.
Le sang des bons Français a coulé pour ton pere ;
Il coule pour son fils, il coule pour ta mere :
Combien, dans les combats, par un dernier effort,
Voulant nous délivrer, ont rencontré la mort?
Ah! mon fils!... souviens-toi, dans les jours de ta gloire,
De consacrer leurs noms au temple de mémoire.
De ton pere immolé voilà le testament :
Apprends sa volonté, médites-le souvent....
O cœur de mon époux! cœur grand et magnanime!...
Il pardonne à son peuple!... Immortelle victime,
Puissé-je, comme toi, jusqu'au dernier moment
Conserver la vertu dans mon cœur innocent!...
Ma fille, dans ton ame imprime la sagesse :
D'innombrables dangers menacent ta jeunesse.
Descendante des rois, que cette dignité
Te préserve à jamais de toute lâcheté.
Ma fille, tu naquis auprès du diadème :
A l'avilissement préfere la mort même.
(*Le Roi et madame Royale baisent les mains de leur mere.*)

LE ROI.

O ma tendre maman!

LA REINE.

Vous répandez des pleurs!
Ah! votre affliction ajoute à mes douleurs....
Ma sœur est avec vous ; qu'elle soit votre mere....
Elisabeth! ô toi, le soutien de ton frere!
Toi qui, dans ta douleur, faisant un saint effort,
Comme un bienfait du ciel, lui présentas la mort!
Viens ; ah! viens dans mes bras, Antoinette t'appelle ;
Ah! viens la consoler dans sa peine cruelle.

MADAME ROYALE.

Mon aimable maman, devons-nous l'avertir?

LA REINE.

Oui, mes enfans, allez.

SCENE II.

LA REINE *seule.*

TROP funeste avenir!
Quel destin vous poursuit..... innocentes victimes!
Je vous vois malheureux, et vous êtes sans crimes...

Que leurs cœurs, ô mon Dieu, dociles à ta foi,
Marchent dans les sentiers de ta divine loi,....
Un Roi, dans les cachots !... un Roi, dans son enfance,
Objet infortuné des fureurs de la France !...
Mais celui qui craint Dieu n'est-il pas l'ennemi
De ces hommes pervers que l'enfer a vomi ?...
Oui : j'ai vu dans leurs yeux étinceler la rage;
Leurs bras ensanglantés poursuivre le carnage;
Mes gardes égorgés, expirans sous mes yeux,
Et couvrant de leurs corps ma fuite de ces lieux.
En triomphe à Paris j'ai vu porter leurs têtes;
Le peuple avec fureur célébrer ces conquêtes;
Et l'infâme Bailli, qui disoit à son Roi :
« Tu n'es que mon égal : le peuple est plus que toi... »
Mille fois de la mort envisageant l'image,
Je ne puis la trouver dans un long esclavage...
Monstres couverts du sang de mon auguste époux,
Tremblez... d'un Dieu vengeur le trop juste courroux,
Lassé de vos forfaits, aussi prompt que la foudre,
Réduira vos maisons et vos cités en poudre...
Qu'ai-je dit ? Ah ! pourquoi ma profonde douleur
Exprime-t-elle un vœu démenti par mon cœur ?
Dieu de miséricorde, oubliant ta justice,
Sur le peuple Français, jette un regard propice :
Qu'avec sincérité, revenant à ta loi;
Il confesse son crime, et connoisse son Roi...
Le passé, le présent, l'avenir, tout m'agite.

SCENE III.

LA REINE, MADAME ÉLISABETH.

LA REINE.

Ma chere Elisabeth !... Cette race est maudite...
Dans le sang innocent elle a trempé sa main.
Son arrêt est écrit dans celui de Caïn...
L'éternel l'a proscrite... Errante sur la terre,
On la verra traîner l'opprobre et la misere.

MAD. ELISABETH.

Dans ce discours brûlant, je crois apercevoir,
D'un cœur découragé le fatal désespoir.
Soyez grande en tout tems, puisque vous êtes Reine;
Ainsi que le plaisir, sachez prendre la peine.

Dieu

Dieu nous frappe, ma sœur; son amour paternel,
Par la croix, nous conduit au bonheur éternel.
Adorons ses décrets : que des plaintes stériles
Ne rendent pas pour nous ses bienfaits inutiles.

LA REINE.

Du tableau déchirant d'un époux égorgé,
Un cœur comme le mien n'est jamais soulagé.
Au fond de son tombeau que ne puis-je descendre !
Que ne puis-je mêler ma cendre avec sa cendre !
Cher époux, ô mon roi ! le calomniateur
Te força de sonder les replis de mon cœur ;
Et connoissant, pour toi, sa véritable flamme,
Tu la recompensas par le don de ton ame....
Il m'aimoit sans partage.... ô bonheur ! quel transport,
Quand je pourrai fixer l'appareil de ma mort !
Qu'elle tarde long-tems !

MAD. ELISABETH.

Ma sœur, vous êtes mere :
Songez que vos enfans sont jeunes et sans pere.
Ah ! puisse l'éternel, pour eux, vous conserver !

LA REINE.

Contre un Sénat sans foi, comment les préserver ?
S'il connoissoit d'un Dieu la majesté suprême,
Auroit-il, orgueilleux, brisé le diadême,
Aboli le vrai culte, et détruit les autels,
Pour offrir son encens à d'infâmes mortels ?
Dans Voltaire et Marat il adore le vice :
Sa force fait la loi ; sa rage la justice.
N'espérons point, ma sœur... Le club anthropophage
Finira par ma mort mon horrible esclavage.

MAD. ELISABETH.

Le crime est le repos de l'homme criminel,
Qui désire étouffer un remords trop cruel.
Le Sénat régicide, excité par ses crimes,
Peut donc chercher encor de nouvelles victimes....
Qu'il dirige sur moi ses féroces desirs,
Et qu'un nouveau supplice ajoute à ses plaisirs.
Je veux à ces bourreaux aller offrir ma tête :
Qu'ils sachent qu'à mourir Elisabeth est prête....
Ma mort est un bonheur, si par de longs tourmens,
Mon sang peut assurer la mere à ses enfans.

LA REINE.

Non, non. Qu'Elisabeth survive, et soit leur mere :
Telle est la volonté de ton auguste frere.

Les fers ont éprouvé, mais n'ont pas abattu,
Ton courage, ou plutôt ta céleste vertu.
Tu peux leur inspirer des sentimens sublimes,
Qui te font, avec calme, envisager les crimes :
Tu peux, en apprenant à mon fils qu'il est roi,
L'instruire à gouverner, à protéger la foi.
Par tes douces leçons formant son caractere,
Il saura supporter l'opprobre et la misere.
Je remets à tes soins cet important devoir ;
Et moi, de mon esprit bannissant tout espoir,
Je vais d'un Dieu vengeur implorer la clémence,
De mon cœur agité réparer l'innocence.
Bientôt, à mon époux m'unissant pour jamais,
Dans le sein du Très-haut je trouverai la paix.

SCENE IV.

LA REINE, MADAME ÉLISABETH, LE MAIRE DE PARIS, SES GARDES.

LA REINE.

Cet homme, Elisabeth, n'est-il pas un ministre
Qui vient nous annoncer quelque décret sinistre?

MAD. ELISABETH.

Du courage, ma sœur.

LE MAIRE, *le bonnet rouge sur la tête, prend le bras de la reine, et la regarde fixement.*

Femme... quelle êtes-vous?

LA REINE.

Votre Reine : Louis étoit mon digne époux.

LE MAIRE.

Ainsi, toujours l'orgueil domine dans votre ame ?
Faut-il, comme autrefois, vous appeler madame ?
Détrompez-vous. Le droit de notre liberté
Est de rabaisser tout jusqu'à l'égalité.
Les rois ont refusé d'être ce que nous sommes :
Nous les ferons descendre au dernier rang des hommes.

LA REINE.

Réduite par la force au rang le plus abject,
Antoinette d'Autriche exige du respect.
Fixez-moi bien encor : jugez si ma présence
Ne peut de vos discours arrêter l'insolence.

LE MAIRE.

Malheureuse ! insultant à mon autorité,
Tu contrains les rigueurs de ma sévérité.

Mes droits sont tout-puissans : peux-tu les méconnoître ?
Regarde cette écharpe : apprends à me connoître.
Un maire de Paris qui s'approche de toi !
Le premier citoyen !... le dernier est un roi.

LA REINE.

Apprenant sans regret votre haute fortune,
La fille de Thérese, au sein de l'infortune,
Sans foiblesse, sans plainte, accepte le malheur,
Et conserve toujours la noblesse en son cœur.

LE MAIRE.

Tu rampes sous mes pieds.... le peuple vous demande....
Son vœu dicte la loi... le peuple vous commande.
(*A un de ses gardes qui sort pour aller chercher le roi.*)
Et vous, de mes devoirs exécuteur discret,
Ayez soin d'accomplir cet important décret.

LA REINE.

Ordonne-t-il ma mort ? dois-je aller au supplice ?

LE MAIRE.

Le peuple bienfaisant commande la justice....
Le comité, chargé du salut de l'Etat,
A fait, sur votre fils, son rapport au Sénat.

LA REINE.

Mon fils !.. mon fils !.. ô ciel ! ma sœur ! quel coup funeste !
Mon fils, tu vas mourir ! ô jour que je déteste !...
Jour horrible pour moi !.. pour la France !.. Ah, Seigneur !
D'un enfant opprimé deviens le protecteur.

LE MAIRE.

N'implorez point un dieu qui n'a pas d'existence ;
Du peuple tout-puissant méritez l'indulgence.

LA REINE.

Mon fils !... je veux le voir, le serrer dans mes bras !...
Et goûter avant lui les douceurs du trépas.
Allons, Elisabeth, ma douleur est trop vive.

LE MAIRE.

Citoyenne, attendez : en ces lieux il arrive.
Réformez sur son sort vos injustes soupçons.
Le Sénat a proscrit la race des Bourbons :
Mais contre les bourreaux voulez-vous le défendre ?
A son éloignement vous devez condescendre.

LA REINE.

Je dois perdre mon fils, ou prononcer sa mort !...
Quel abîme de maux !... quel effroyable sort !...
Quel droit peut étouffer la voix de la nature ?
Au fond du cœur, déja j'éprouve son murmure :

Ses cris se font entendre : il est de mon époux
Le fils, le successeur... ah ! mon soin le plus doux,
Consacré tous les jours à former son enfance,
D'un honnête homme en lui me donnoit l'espérance.
Non... je n'approuve pas votre horrible dessein....
Qu'on me laisse mon fils, ou qu'on perce mon sein.

LE MAIRE.

Etouffez des soupirs qu'engendre la foiblesse :
Les cœurs efféminés ont suivi la noblesse....
Plus d'amour maternel : nous vivons sans parens,
La femme est sans époux, la mere sans enfans;
C'est de la liberté l'important avantage :
Ce droit n'existoit pas pendant notre esclavage.

LA REINE.

Ah! quelle horreur!

LE MAIRE.

Hé bien! conservez cet amour,
Qui doit exterminer vos amis dans un jour.
Le refus, par le peuple est mis au rang des crimes
Qui lui donnent le droit d'égorger des victimes.
Il attend le signal... et vous avez appris
Que répandre le sang, c'est amuser Paris.

LA REINE.

Que ferai-je, ô ma sœur ! quelle menace atroce !
Le peuple est entraîné par un Sénat féroce !

MAD. ELISABETH.

Ma sœur, entre deux maux votre cœur doit choisir :
Conserver votre fils est un juste desir ;
Ce tendre sentiment la nature l'inspire ;
Mais le Français, aveugle en son affreux délire,
Par des assassinats punira votre amour;
Et peut de ses forfaits vous accuser un jour....
Votre époux, à Varenne évitant l'esclavage,
Pour conserver un homme arrêta son voyage.
Rappellez-vous comment, dans cette extrêmité,
Il soumit sa vengeance à son humanité :
« Je puis périr, dit-il, sans me rendre coupable :
» Aux yeux de l'éternel je serois condamnable,
» Si, voulant adoucir les horreurs de mon sort,
» D'un seul de mes sujets je commandois la mort.... »
Il ne balança pas à reprendre des chaînes
Qui devoient préserver des victimes humaines.
Dans cet affreux moment, vous pensiez comme lui.
Ce qui fut juste alors, l'est encore aujourd'hui.

LA REINE.

Je consens... ô mon dieu! Ce cruel sacrifice,
Que déteste mon cœur, se doit à la justice.
Quoi! pour sauver mon fils, je ferois égorger
Des hommes malheureux que je dois protéger ?
Non, non. Je le remets à cette providence
Qui saura des méchans déjouer la prudence....
Ses innocentes mains, en essuyant mes pleurs,
Par des soins caressans soulageoient mes douleurs....
Je ne dois plus le voir!...

SCENE V.

LE ROI, LA REINE, MADAME ROYALE, LE MAIRE.

(*Le roi est amené par des sans-culottes armés.*)

LA REINE.

AH! mon fils.... je frissonne...
Aujourd'hui... pour toujours... ta mere t'abandonne...
D'infâmes assassins t'arrachent à mon cœur;
Et ne consultent pas ton âge et ma douleur!

MAD. ELISABETH.

Calmez-vous.

LE ROI.

Si je dois, maman, comme mon pere,
Mourir dans les tourmens, ou périr de misere,
Je veux, en bon chrétien, expirer comme lui.
Ne tremblez point pour moi; le ciel est mon appui.

LA REINE.

Ah! sans doute, pour toi la mort est moins affreuse;
Tu dois plus redouter la marche insidieuse
De ces hommes méchans, qui t'éloignent de moi
Pour corrompre ton cœur, et corrompre ta foi.

LE ROI.

Je porte dans mon cœur les avis de mon pere,
Et je suis enrichi des vertus de ma mere.

(*Il se jette dans ses bras, et la reine l'embrasse.*

LA REINE.

Mon fils je puis encor te serrer dans mes bras!...
Ces monstres t'instruiront; ne les écoute pas.

UN GARDE DU MAIRE.

Souffrirez-vous long-tems cette horrible mégere
Distiller le venin que son cœur lui suggere?

SCENE VI.

LES MÊMES; ROBESPIERRE.

ROBESPIERRE.

LE peuple veut du sang. Le vertueux Sénat
Des projets d'Antoinette attend le résultat.
Garde-t-elle Capet?

LA REINE.

A l'instant... tout-à-l'heure...
Qu'on l'emmene ; et pour moi que personne ne meure!
Je tremble...
(*à Mad. Elisabeth.*)
Soutenus-moi... permettez qu'en ces lieux,
A mon fils, sans témoins, je fasse mes adieux.

ROBESPIERRE.

Nous sommes trop instruits de ces ruses perfides,
Pour ne pas prévenir vos plans liberticides.
Conservant votre orgueil sous le poids de vos fers,
Vous prétendez encor gouverner l'Univers;
Et croyant que Capet deviendra roi de France,
Vous voulez contre nous prémunir son enfance;
Qui cherche le secret, cherche la trahison.
Nous saurons préserver cet enfant du poison
Qu'en secret dans son cœur votre fureur distille,
Et le rendre à nos lois plus constamment docile...
Il faut de son esprit bannir cette fierté,
Qui ne compatit pas avec la liberté :
Remplacer promptement par des vertus civiques,
D'un culte mensonger les vertus chimériques :
Lui démontrer enfin qu'il n'est que notre égal;
Et le faire rougir d'être d'un sang royal.

LA REINE.

Quelle éducation pour le chef d'un royaume!
Ah! mon fils!... il est vrai, la gloire est un fantôme,
Qui s'échappe au moment où l'on croit le saisir.
Que celle du Très-haut devienne ton desir....
Mais, placé sur le bord d'un affreux précipice,
Ah! préserve ton cœur de la fange du vice...
Préfere à la grandeur ton salut éternel...
Ton ame est à ton Dieu... mon amour maternel,
Par des tyrans cruels, est réduit au silence...
Je ne puis exprimer....

ROBESPIERRE.

Jusqu'où votre insolence
Veut-elle, devant-nous, étendre ses écarts ?
Vos maîtres, d'Antoinette exigent des égards.

LA REINE.

Mes maîtres ! .... mes bourreaux ! ....

MAD. ELISABETH.

Ils en ont la puissance :
Soyez forte, ma sœur, mais par votre innocence :
Les hommes, contre nous aiguisant leurs fureurs,
Ne peuvent pas atteindre aux vertus de nos cœurs ....
Le bonheur est au ciel : notre souffrance augmente
Cette gloire éternelle, objet de notre attente.

ROBESPIERRE, *au maire de Paris.*

C'en est trop, citoyen, faites votre devoir
Enlevez cet enfant : puisse le désespoir
Sur ces cœurs orgueilleux exercer ses ravages ;

LE MAIRE, *à sa garde.*

Avancez, citoyens .... punissez les outrages
Que cette femme a fait à vos représentans.

LA REINE.

Frappez : voilà mon sein ....

ROBESPIERRE.

Non, non, dans les tourmens,
Pour le salut du peuple, il est bon qu'elle expire.

LA REINE.

Qu'ils seront doux pour moi !... oui... mon cœur le desire.
Mon existence affreuse est un pesant fardeau ;
Et je n'aurai d'espoir qu'en voyant mon tombeau.

SCENE VII.

LES MÊMES, SIMON.

LE MAIRE.

CAPET, obéissez : suivez cet homme sage,
Qui doit de la raison vous apprendre l'usage :
Le vertueux Simon formera votre cœur.

LE ROI.

Je suis avec maman : son conseil est meilleur,
Toujours à ses leçons, elle m'a vu docile.
Pour moi ne prenez pas une peine inutile :

Retirez-vous : je veux vivre dans la prison,
Souffrir avec maman.

(*Il se jette dans les bras de la Reine.*)

ROBESPIERRE.

Et voilà la leçon
Que, chaque jour, lui donne une femme traîtresse ! . . .
Il pompe le venin de sa scélératesse.

SIMON.

Hé ! pourquoi souffrez-vous ces chauds embrassemens
Réservés, dans nos lois, à deux tendres amans ?
Quelle horreur ! de son fils une mere amoureuse !
La preuve en est acquise, elle est incestueuse.

LA REINE.

(*A Robespierre.*)

Monstre infâme ! ton front ne rougit pas ! . . . O vous,
Qui d'un peuple acharné m'annoncez le courroux !
Dites-lui, que mon cœur méprise toute injure
Qui ne provoque pas les droits de la nature :
Mais en crime changer mes tendres sentimens !
En exécrable crime ! . . . . un enfant de sept ans ! . . . .

SIMON.

Cessez, cessez ce ton plaintif et lamentable :
Les pleurs ne sauvent pas une femme coupable :

(*La garde le saisit.*)

J'emmene votre fils . . . . le salut de l'état
L'exige.

LE ROI, *tendant les bras à sa mere.*

Ah ! sauvez-moi, maman.

LA REINE.

Quel attentat !

(*Elle court vers lui.*)

O mon fils !

UN GARDE, *lui présentant la bayonnette.*

Arrêtez.

LA REINE, *s'arrêtant.*

Souviens-toi de ton pere.

SCENE VIII.

LA REINE, MADAME ÉLISABETH, ROBESPIERRE.

LA REINE.

JE succombe à mes maux . . . ce coup me désespere . . .
Mon cœur anéanti ne pousse aucun soupir . . . .

Ma

Ma voix s'éteint... ma sœur, viens, viens me secourir.
(*Robespierre s'approche.*)
Ne portez pas sur moi votre main sanguinaire ;
Je trouve dans ma sœur le secours nécessaire.

MAD. ELISABETH.

Allons prier ensemble un Dieu consolateur :
Lui seul est notre espoir dans l'excès du malheur.

SCENE IX.

ROBESPIERRE *seul.*

La rage est dans mon cœur... par ses vertus sublimes,
Cette femme m'excite à commettre des crimes...
Je croyois à son ame inspirer la terreur :
Son regard animé n'exprimoit que l'horreur...
Elle m'a rejeté... comme un homme exécrable,
Aux yeux de l'Univers à jamais détestable...
Le sang est de Paris devenu l'élément,
Un homme massacré fait son amusement...
Cette ville, sans moi, contente en sa mollesse ;
N'auroit jamais cessé de chérir sa foiblesse.
Mais voulant me livrer au crime avec éclat,
Je devois rechercher tout homme scélérat ;
Et, par le sang humain, former une alliance,
Qui l'assujettiroit aux lois de ma prudence...
Mes plans ont réussi, par de constans efforts...
Fuyez, éloignez-vous, fantastiques remords ;
Dans mes nombreux forfaits, trouvant ma jouissance ;
De les accroître encor je garde l'espérance.
Oui... de membres brisés et de chair en lambeaux
Nos zélés citoyens garniront les tombeaux.
En crime ils changeront les cris de la nature ;
Et puniront de mort le plus léger murmure...
Tout homme doit périr, si, constant dans sa foi,
Il n'est pas, dans ses mœurs, aussi méchant que moi...
A cette femme allons préparer des supplices
Qui la couvrent d'opprobre, et cherchons des complices.
Santerre est mon appui : qu'il vienne, et qu'aujourd'hui
Il exécute encor ce que j'attends de lui.

Fin du second Acte.

ACTE III.

L'action continue dans le sallon des prisonniers du Temple.

SCENE PREMIERE.

LE COMITÉ DE SALUT PUBLIC ASSEMBLÉ.

LE PRÉSIDENT.

Le salut des Français repose sur nos têtes.
C'est à nous, citoyens, à borner les conquêtes
D'un esclave insolent, qui, devant nos remparts,
En bravant nos soldats, plante ses étendarts.
Valenciennes réclame une prompte assistance,
Et Custine n'oppose aucune résistance.
Par-tout la république éprouve des revers :
Le peuple sourdement redemande ses fers;
Dans ses représentans il apperçoit des traîtres,
Et rougira bientôt d'obéir à ses maîtres.....
Antoinette languit; mais ne succombe pas :
Son malheur attendrit : les séduisans appas,
Qui brilloient autrefois dans toute sa personne,
Reparoîtroient encor auprès d'une couronne :
Jamais, jusqu'à ce jour, d'objets plus importans
N'ont été présentés à vos nobles talens.
Délibérez.

BARRERE.

Fuyons un travail inutile.
Nous savons qu'aux Français une crainte servile
Commande avec empire : augmentons ses terreurs :
Qu'il se jette en nos bras, par l'excès des malheurs.
Ce peuple tend la main au tyran qui l'opprime,
Et rejette bientôt le maître qui l'estime.
Traitons comme suspect au salut de l'Etat,
Prêtre, noble, marchand, financier, magistrat.
Dans d'immenses cachots entassons les victimes;
Et pour les immoler supposons-leur des crimes,
Ou plutôt, paroissant vouloir les ménager,
De faim dans les prisons laissons-les expirer.

UN MEMBRE.

J'accepte.

UN AUTRE MEMBRE.

J'applaudis à ce projet honnête.

DANTON.

Il est trop doux. Le sang...

LE PRÉSIDENT.

Décrété.

BARRERE.

La conquête

De Valenciennes veut un exemple frappant.
La mort d'un général.

UN MEMBRE.

Mais s'il est innocent?

BARRERE.

Tout homme est criminel : il suffit qu'on l'accuse :
Le peuple malheureux exige qu'on l'amuse ;
Custine doit périr.

UN MEMBRE.

J'approuve votre choix.

UN AUTRE MEMBRE.

Il est noble : peut-être il regrette les rois.

BARRERE.

Ah ! non, il demandoit, au moment de sa gloire,
La tête du tyran pour prix de sa victoire :
Mais c'est offrir au peuple un séduisant appas,
Qui, remplissant son cœur, cache notre embarras.

LE PRÉSIDENT.

Prononcez-vous sa mort?

DANTON.

Oui. Sans être coupable,

Notre intérêt commun le trouve condamnable.
Il faut avec Custine exterminer Houchard.

BARRERE.

Il n'est pas oublié ; son rang viendra plus tard....
Pour fixer de l'Etat la prompte délivrance,
Nous pouvons requérir tous les hommes de France.

UN MEMBRE.

Mais la terre a besoin de ses cultivateurs?

BARRERE.

Nous prendrons la récolte avec les laboureurs....
Profiter du présent est la regle du sage.

UN MEMBRE.

Vous changez en héros des hommes sans courage.

BARRERE.

L'homme est lâche aujourd'hui, se croyant immortel :

Mais transformons la mort en sommeil éternel ;
A l'audace bientôt cédera sa foiblesse.
Au reste, citoyen, votre délicatesse
Est un sanglant outrage à notre comité,
Qui doit se préserver de toute humanité...
Le Sénat endormi reconnoît notre empire ;
Il accepte nos lois : et j'ose vous prédire
Que bientôt à nous seuls remettant le pouvoir,
De s'entre-massacrer il fera son devoir.
En souverains déja nous poursuivons la guerre ;
Et sans prendre conseil nous lançons le tonnerre.
Le départ imprévu de féroces agens
A porté la terreur dans les départemens.
Tout obéit : au sang nous avons joint les flammes.
Cependant au Sénat j'apperçois des infâmes :
Ils gênent mes projets ; ces hommes clairvoyans,
Qui s'opposent à nous, seroient-ils innocens ?

UN MEMBRE.

Non, non. Que dans les fers ces scélérats gémissent.

UN AUTRE MEMBRE.

Qu'ils meurent... Hé! pourquoi voulez-vous qu'ils languissent ?
De notre humanité n'est-ce pas la loi sainte
De punir le coupable et d'étouffer sa plainte ?

BARRERE.

Enfin nous poursuivons la veuve de Capet.

ROBESPIERRE.

O monstre abominable! elle traite en sujet
Un homme comme moi ?... dans sa démarche altiere,
Je voyois une Reine !... et je suis Robespierre !...
Citoyens, aujourd'hui faisons un grand effort :
Pour ces nombreux forfaits c'est trop peu de la mort...
Son innocence fuit devant nos impostures...
Contre elle imaginons de nouvelles tortures.
Le plus grand des tourmens pour un honnête cœur,
Doit flétrir Antoinette... et c'est le déshonneur....
Devant les citoyens qui demandent sa vie,
Qu'elle soit en ce jour couverte d'infamie.

SCENE II.

LES MÊMES, L'ACCUSATEUR PUBLIC.

L'ACCUSATEUR PUBLIC.

Citoyens, Antoinette évite le trépas.

ROBESPIERRE.

Précipitez sa mort.

L'ACCUSATEUR.

On ne l'accuse pas.

ROBESPIERRE.

Nous avons prononcé qu'elle étoit criminelle.
On ne l'accuse pas ! . . . elle est une rebelle . . . .
Elle a du sang français fait répandre des flots . . . .
Jusque dans les prisons elle ourdit des complots . . . .
Elle est l'infâme auteur de la guerre civile. . . .
Elle rend à nos lois la Vendée indocile . . . .
A lui trouver un crime employez tous vos soins ,
Soyez accusateur , nous serons les témoins.

L'ACCUSATEUR.

Les dénonciateurs ne peuvent en justice
Déposer.

ROBESPIERRE.

Citoyen , vous êtes son complice.
Accusateur , témoin et juge de Louis ,
Le Sénat peut encor satisfaire Paris.

L'ACCUSATEUR.

Ah ! comment se résoudre à perdre l'innocence ?

ROBESPIERRE.

Perfide ! tu trahis ; mais ta molle indulgence ,
Sans sauver Antoinette , expose à nos fureurs
Les monstres qui voudroient être ses défenseurs.

L'ACCUSATEUR.

J'obéis.

SCENE III.

LES MEMBRES DU COMITÉ DE SALUT PUBLIC.

LE PRÉSIDENT.

CITOYENS , le plus profond mystere
Doit couvrir nos projets : remettez à Barrere
Le soin d'exécuter : cet homme merveilleux
Possede le grand art de fasciner les yeux.

BARRERE.

Mes travaux répondront à la grande espérance . . .

LE PRÉSIDENT.

Vous seul de vos projets connoissez l'importance.
Agissez ; ajoutez à nos vastes desirs.
Etouffez les discours , et même les soupirs.

Par des décrets sanglans épouvantant la France,
Assurez à nos lois sa prompte obéissance.

SCENE IV.

BARRERE, ROBESPIERRE, DANTON.

BARRERE.

IMBÉCILLE automate ! étrange aveuglement !
Il se croit un grand homme ! . . . il est un instrument,
Un fragile ressort à mon plan nécessaire,
Que je saurai bientôt adroitement soustraire.
Nous travaillons, amis, pour un triumvirat . . . .
Nous sommes trois, le reste est trop peu scélérat.
Dans les crimes il faut annoncer du courage ;
Ne pas se reposer et consommer l'ouvrage . . .
Nous seuls, par les forfaits, de forfaits altérés,
Sommes les triumvirs, étant régénérés.

SCENE V.

LES MÊMES, SIMON.

SIMON.

CHARGÉ par le Sénat d'un enfant indocile
Qu'instruisit une mere à feindre trop habile,
Je ne puis, citoyens, qu'avec précaution
Et lentement, changer son éducation.
Il annonce pour elle une folle tendresse ;
Il pousse des sanglots, il l'appelle sans cesse :
En vain par ma douceur j'ai voulu le charmer ;
Mes discours enchanteurs ne peuvent le calmer . . . .
Que dois-je faire encor ? Vos conseils salutaires,
Dans cet évenement, deviennent nécessaires.

BARRERE.

C'est un monstre hideux ! la plus grande rigueur
Réformera bientôt son intraitable humeur.
N'envisagez en lui que le plus vil esclave ;
Que la mere en secret nous maudisse et nous brave . . . .
Bannissez de son cœur cette religion
Que le Sénat déclare être une fiction.
Ignorant pour toujours ses vertus chimériques,
Il voudra s'enrichir de nos vertus civiques.
Que sa mere à ses yeux soit un objet d'horreur :
Que tout autour de lui respire la terreur.

Tourmentez, agitez cet esprit né fragile ;
Puisse-t-il, par vos soins, devenir imbécille !

SIMON.

Antoinette gémit et demande à le voir.

DANTON.

D'un perfide entretien qu'elle perde l'espoir.
Craignez qu'on ne dérobe à votre vigilance,
Des rendez-vous secrets.

SIMON.

Croyez à ma prudence.
Pour l'accuser déjà mon plan est préparé.
(Car je suis, comme vous, de son sang altéré.)
Disant qu'avec son fils un crime abominable
La rend à l'univers à jamais exécrable ;
Mon récit appuyé sur ma conviction,
Assure à mes désirs sa condamnation.

DANTON.

Un enfant de sept ans ! . . . Le fait n'est pas probable :
Dans votre fausseté rendez-vous plus croyable.

SIMON.

Quand le peuple consent, nos lois en vérité,
Pour condamner à mort, changent l'absurdité :
L'auguste tribunal juge avec assurance ;
Quand d'un bon citoyen il voit la conscience....
Pour être de l'état le sublime vengeur,
Je puis témoigner faux et n'être pas menteur.

DANTON.

Il est vrai.

SCENE VI.

LES MÊMES ; UN GARDE DU TEMPLE.

LE GARDE.

CITOYENS, Antoinette s'avance.

ROBESPIERRE.

Retirez-vous, Simon, évitez sa presence.

SCENE VII.

LES MÊMES ; LA REINE.

ROBESPIERRE.

ELLE n'a pas perdu les tons de la grandeur ! . . .
C'est une souveraine ! . . . Avec quelle lenteur,

Au bras d'Elisabeth s'attachant par mollesse ;
Elle marche vers nous, et feint de la foiblesse !

BARRERE.

Avançons .... en ce lieu quelque nouveau projet
Vous amene. Parlez.

LA REINE.

Mon fils.

BARRERE.

Sur cet objet
Le peuple ne veut pas qu'on puisse vous entendre.

LA REINE.

Je demande mon fils.

BARRERE.

Et qui peut vous le rendre ?

LA REINE.

Vous.

BARRERE.

Nous obéissons au peuple souverain ;
Il le défend.

LA REINE.

Hé bien, que je meure !

BARRERE.

Demain....
Cependant voulez-vous, par un moyen facile,
Rendre à votre désir le peuple plus docile ?
Vous rapprocher de lui ? regagner dans un jour,
Avec la liberté, son véritable amour ?

LA REINE.

Je l'ai toujours cherché ; mais peines inutiles !
Des ennemis secrets, des imposteurs habiles,
A ses yeux ont noirci les élans de mon cœur,
Qui, dans tous les momens, tendoient à son bonheur....
Ah ! dans ce jour encor, où la mort sur mes levres
Doit imprimer déjà ses nuances funebres ;
Où mon corps, affaissé sous le poids de mes maux,
Pour être anéanti, n'attend que les bourreaux ;....
Je désire .... que Dieu, déployant sa puissance,
Par un retour heureux, rétablisse la France.

BARRERE.

Nous avons rejeté ce grand être au néant.
Dieu n'est rien, ne peut rien : le peuple est tout puissant,
Voulez-vous le gagner ? écrivez, citoyenne,
A Cobourg de quitter les murs de Valencienne.

LA

LA REINE.

Cobourg est un guerrier . . .

BARRERE.

Le fléau de l'état.
Qui vient, comme un torrent, égorger le Sénat.

LA REINE.

Le Français connoîtra la bonté de son ame.

BARRERE.

Ainsi vous desirez que le fer et la flamme
Fassent de cet empire un horrible désert ?

LA REINE.

Cobourg est trop humain ; et le prince qu'il sert
Ne cherche que la paix en poursuivant la guerre.
Je puis la proposer.

BARRERE.

Oui, quand toute la terre,
Tremblante devant nous, et demandant nos lois,
Pour avoir son pardon, massacrera les Rois.
(A Robespierre et Danton.)
Retirons-nous : voyez combien elle est perfide !
Elle médite encor un plan liberticide.
Le tems presse : courons arrêter ses projets ;
Qu'elle meure ; ou bientôt nous sommes ses sujets.

SCENE VIII.

LA REINE, MADAME ÉLISABETH.

LA REINE.

A quel prix, ô ma sœur, ils ont voulu me vendre
Le retour de mon fils ! . . . Ah ! l'amour le plus tendre,
A mon cœur accablé fait sentir son pouvoir :
Mais doit-il balancer l'honneur et le devoir ?
Arreter de Cobourg la marche tutélaire,
Quand il porte à l'empire un secours nécessaire ! . . .
Au nom de mon époux, Frédéric, l'an passé,
Evita l'ennemi qu'il auroit terrassé.
Le Sénat promettoit sa prompte délivrance :
On le vit au contraire armer toute la France,
Conduire aux Pays-Bas un essaim de brigands,
Menacer tous les Rois, persécuter les grands,
Proscrire les Français, dépouiller les églises,
Cimenter par le sang ses vastes entreprises . . .

Les émigrés livrés au fer des assassins,
Ces braves défenseurs des droits des souverains;
Ces proclamations le signal du carnage,
De l'inquisition, de l'opprobre du sage;
La mort de mon époux, ces crimes, dont l'horreur
A consterné la terre, exigent un vengeur.
Ce peuple, après avoir brisé le diadême,
S'il n'est pas arrêté, va s'égorger lui-même.
Je pardonne aux Français, et je chéris le bras
Qui vient les délivrer... Tu ne m'approuves pas,
Ma sœur?

MAD. ELISABETH.

Hélas!... mes pleurs... ô ma chere Antoinette!...
Je frémis... oui... j'entends la fatale trompette,
Celle qui de vos bras arracha votre époux.

LA REINE.

Console-toi: pour moi ce moment est bien doux.

MAD. ELISABETH.

Ils entrent!... ô mon Dieu! protege l'innocence,

LA REINE.

Mon courage renaît, ma sœur, en leur présence.

SCENE IX.

LA REINE, MADAME ÉLISABETH, LE MAIRE DE PARIS, GARDES.

LA REINE.

MON supplice est-il prêt? Quand trouverai-je un port
Contre les maux affreux qui précedent ma mort?

LE MAIRE.

Le peuple, en sa bonté, suspendant sa justice,
N'ordonne pas encor qu'on vous traîne au supplice;
Mais le salut public, menacé constamment,
L'inquiete, l'agite: il ne peut prudemment
Laisser une megere avec une furie:
Il veut qu'on vous transporte à la conciergerie.
Preparez-vous.

LA REINE.

Pourquoi ce discours outrageant?
L'ordre est assez cruel: on peut, en partageant
Les pleurs de l'infortune, adoucir sa misere.

LE MAIRE.

J'ai reçu contre vous l'ordre le plus sévere.

Il faut qu'à l'instant même, obéissant aux lois,
Vous rejetiez enfin tout souvenir des Rois.
Quittez ces ornemens : cette immense toilette
De l'état languissant augmente la disette.
Remettez en mes mains votre or et votre argent.

LA REINE.

Je n'en ai pas.

LE MAIRE.

Les clefs de votre appartement.

LA REINE.

Il est ouvert.

LE MAIRE.

Vos doigts ne sont pas sans richesse.
Rendez vos diamans ; ces signes de noblesse....

LA REINE.

Pour ces frivolités je n'ai que du mépris :
A leur possession je n'attache aucun prix :
Les voilà.

LE MAIRE.

Je croyois qu'une ci-devant Reine,
A devenir modeste, auroit eu plus de peine.
Vous gardez votre anneau ?

LA REINE.

Ah ! ne m'en privez pas ;
Que je puisse avec moi le porter au trépas !

LE MAIRE.

Pourquoi !

LA REINE.

De mon amour il est le dernier gage,
Le seul bien qu'à mon fils je laisse en héritage.
Il retrace à mon cœur d'un époux malheureux
L'affligeant souvenir.

LE MAIRE.

S'il vous est douloureux
De remettre à l'état un anneau qu'il demande,
Il me faut obéir au peuple qui commande ;
L'arracher avec force.

LA REINE.

Hé quoi ! vous m'annoncez
Des actes violens ?

LE MAIRE.

Hé quoi ! vous balancez ?

LA REINE.

Non... Je ne voudrois pas, par un nouveau scandale,
Ajouter aux fureurs d'un Sénat canibale.

(*Elle baise l'anneau et le remet.*)
Cher époux ! ... ô mon fils ! ... Tout est fini, ma sœur...
Je n'ai plus rien au monde.

MAD. ELISABETH.

Il vous reste l'honneur....

LA REINE.

Ma fille ! ... à quels dangers ! ... Elisabeth, j'espere
Qu'à compter de ce jour tu deviendras sa mere.

MAD. ELISABETH.

Ce devoir est sacré.

LE MAIRE.

Ce discours langoureux
Outrage la bonté d'un peuple généreux.
Votre fille est à lui : protegeant sa jeunesse,
Il doit en disposer.

LA REINE.

O dieu ! .... que la sagesse,
Ton amour, de la foi les sublimes vertus,
Soient le fruit des leçons qu'elle n'entendra plus ....
Ils mettront sous ses yeux le spectacle du crime ....
Si ces monstres vouloient qu'elle en fût la victime ! ....
O ma fille ! aujourd'hui, tremblante sur ton sort,
Que ne puis-je avec moi te conduire à la mort !

LE MAIRE.

Rendez-vous, citoyenne ; en votre appartement ;
Que le plus simple habit soit votre ajustement.
Le peuple vous défend toute magnificence.
Il pourroit contre vous user de violence,
Si, vous examinant, il découvroit encor
Qu'à ses yeux vous bravez la honte et le remord.
Un instant vous suffit.

SCENE X.

MADAME ELISABETH, LE MAIRE, SES GARDES.

MAD. ELISABETH.

Barbare ! ... son silence
N'est point le résultat de son indifférence.
Son ame déchirée étouffe ses sanglots....
Une mer de douleur la roule dans ses flots....
Ne crois pas que la mort soit bien épouvantable
Pour une Reine ! ... elle est le fléau du coupable....

Mais elle arrache enfin Antoinette à ses maux...
Qu'on l'immole avec moi !... nos crimes sont égaux...
La fureur du Sénat sera-t-elle assouvie,
Avant que ses bourreaux m'aient arraché la vie?...
On me laisse !... Ah ! je vois que de foibles vertus
Ne choquent pas autant des hommes corrompus...
Je ne possede pas ce courage héroïque
Qu'Antoinette opposoit à leur zele civique,
Cette affabilité, cette aimable candeur
Qui, dans l'abaissement, relevoient sa grandeur...
Pensent-ils qu'à mon Dieu me rendant infidelle,
Je pourrai devenir au Souverain rebelle?...
O toi, fils de Louis, mon légitime Roi!
Reçois d'Elisabeth les sermens et la foi.

LE MAIRE.

Cet horrible discours mérite le supplice.
J'instruirai le Sénat : d'Antoinette complice!
Comme elle, du Sénat vous devenez l'horreur.

MAD. ELISABETH.

Sa haine contre moi répare mon honneur.
Que diroit l'univers, si, maîtrisant la rage
De tous ces forcenés, j'échappois au carnage?
Si, mon frere et ma sœur condamnés au trépas,
J'avois pensé comme eux, et ne les suivois pas?...
Rapporte à ce Sénat ce que mon cœur desire :
Le culte du Très-Haut, le retour de l'empire ;
Le bonheur des Français gouvernés par un Roi
Qui fasse respecter et les rangs et la loi...
Dis-lui qu'Elisabeth, les appellant des traîtres,
Ne veut pas consentir à les avoir pour maîtres :
Qu'elle adresse ses vœux à tous les potentats :
Qu'ils viendront à Paris venger des attentats
Dont le nombre et l'horreur consternent la nature...
Dis-lui que de forfaits il est une mesure
Qui d'un Dieu tout-puissant excite la fureur...
Il l'a méconnu bon; il le verra vengeur...
Invente enfin et dis tout ce que la colere
De ton féroce cœur contre moi te suggere.
Quel que soit le vernis de ta narration,
Il ne peindra jamais mon exécration...
A toi seul appartient, ô mon Dieu, la vengeance...
Ai-je pu concevoir un desir qui t'offense?
Je pardonne.

LE MAIRE.

Cessez cet infâme discours :
Ce Dieu, qui vous conduit, ne donne aucun secours.
Voyez autour de vous, envisagez la garde :
Voilà le Dieu puissant qui protege ou poignarde.
Elle peut en ce lieu vous déchirer le sein ;
Votre hauteur l'exige : un plus vaste dessein
Retient son bras... tremblez.

MAD. ELISABETH.

Ordonnez qu'elle avance ;
Je la vois sans frémir.

SCENE IX I.

MAD. ROYALE, MAD. ELISABETH, LE MAIRE, GARDES.

MAD. ELISABETH. (*en appercevant Mad. Royale.*)

J'APPERÇOIS l'innocence
Qui vient à mes regrets ajouter ses douleurs.

LE MAIRE.

Sommes-nous donc venus pour voir couler des pleurs ?
(*Aux Gardes.*)
Citoyens, entourez cet enfant en délire :
Chassez-la.

MAD. ROYALE.

Ah ! je n'ai qu'un seul mot à vous dire.
Que j'embrasse maman pour la derniere fois !

LE MAIRE.

Le peuple est votre appui.

MAD. ROYALE, *effrayée.*

Ma tante !

UN GARDE.

Suivez-moi.

MAD. ROYALE, *suivant la Garde.*

Hélas !... jamais... jamais... je ne verrai ma mere !
(*à Mad. Elisabeth.*)
Ne m'abadonnez pas.

MAD. ELISABETH.

Non, ma fille, j'espére,
En pleurant avec toi, soulager ta douleur.
(*Au Maire.*)
Cruel ! tu n'es pas pere ; ou consulte ton cœur.

LE MAIRE.

Un vrai républicain étouffe la nature.

SCENE XII.

LA REINE, MAD. ELISABETH, SUIVANTE DE LA REINE, LE MAIRE, GARDES.

MAD. ELISABETH, *voyant la Reine, fait connoître sa douleur par ses gestes, sans rompre le silence.*

LE MAIRE.

Vous avez bien tardé!... cette simple parure,
Citoyenne, vous rend plus brillante à mes yeux,
Que tout le vain éclat des tyrans vos aïeux...
Cette toile légere appelle la tendresse...
A votre sort déja mon ame s'intéresse :
Dans mon cœur palpitant, je sens naître des feux...
Je pourrai vous sauver, si, sensible à mes vœux...

MAD. ELISABETH.

Quel outrage sanglant!

LE MAIRE.

Tout est égal.

LA REINE.

Infâme...
Tout est égal!... oh! rien n'est si bas que ton ame...
Reçois, Elisabeth, mes adieux pour jamais.
Puissé-je dans mon cœur conserver cette paix
Qui, me faisant, sans peine, envisager l'orage,
De ma foible raison m'apprend à faire usage.
(*Elle embrasse Mad. Elisabeth.*)

MAD. ELISABETH.

Ma voix est étouffée...

LA REINE, *au Maire.*

Allons, n'excitons plus,
Dans ce cœur accablé, des regrets superflus.
(*La Reine se retire, la suivante porte son paquet.*)

LE MAIRE, *à cette femme.*

Femme, retirez-vous : vous ne pouvez la suivre.
La honte et le remords doivent seuls la poursuivre.

LA SUIVANTE.

Je porte son paquet.

LE MAIRE.

Est-elle plus que toi?
Rends-lui.

LA REINE, *prenant le paquet de la suivante.*

Je reconnois ton amitié pour moi.

SCENE XIII.

MAD. ELISABETH, *restée immobile pendant la scene précédente, paroît plongée dans une profonde méditation : elle en est tirée par les imprécations de la Suivante, qui dit en traversant le théâtre :*

Ah cruel !... ah tyran !... ah monstre détestable !...
Je ne la verrai plus cette femme admirable !
Tout est perdu.

SCENE XIV.

MADAME ÉLISABETH, *seule.*

Grand Dieu ! tes décrets éternels
Doivent être adorés par les foibles mortels...
L'homme juste est frappé par la main du coupable...
Pour détruire ta foi, le crime inexorable
Au fer des assassins livre tes serviteurs...
Il occupe le trône... et tes adorateurs,
Imitant de LOUIS la longue patience,
Souffrent en attendant le jour de ta présence...
O France ! je prévois un funeste avenir...
Quels fléaux produiront un tardif repentir !...
En immolant ton Roi, tu massacras ton pere :
Tu demandes la mort d'Antoinette ta mere...
Quand Dieu, dans sa bonté, nous a donné les Rois,
Il a dit aux sujets : obéissez aux lois.
Dans ton Prince, de Dieu tu détruisis l'image...
Aujourd'hui tu ressens les fureurs de la rage...
Ton sang baigne la terre, et ton sol étonné
Par ses vrais habitans se voit abandonné.
Des monstres affamés absorbent ta richesse,
Et punissent de mort les cris de la détresse.
Ton bien n'est plus à toi ; il est à tes bourreaux.
Tes superbes palais sont changés en tombeaux.
Eux seuls, dans tes malheurs, osant lever la tête,
Forts de ton esclavage, en célebrent la fête.
Tes enfans orphelins, tes femmes sans époux,
Ressentiront du ciel le trop juste courroux...
Puissent les Souverains, ces anges tutélaires,
Apporter des secours à tes maux nécessaires !...
Puissent tous tes voisins, fideles à leur Roi,
Conserver le bonheur que mérite leur foi !
Puisse enfin Antoinette, expirant en victime,
Comme son saint époux, te pardonner ton crime !..

ACTE IV.

Le théâtre représente le vestibule de la prison de la Conciergerie; dans le fond est le cachot destiné à la Reine: la porte en est fermée.

SCENE PREMIERE.

ROBESPIERRE, SANTERRE.

ROBESPIERRE.

C'EST trop peu, citoyen, d'accorder des lauriers,
Et de placer Santerre au nombre des guerriers:
Le peuple, qui connoît le prix de la victoire,
Veut encore ajouter à l'éclat de ta gloire:
Il t'appelle à Paris.

SANTERRE.

J'ai battu les brigands:
Ma troupe, sans efforts, a culbuté leurs rangs.
Ils étoient tous détruits, une terreur panique
A rendu du soldat la main paralytique.
Nous avons, en pliant, malgré les trahisons,
Conservé le courage, et sauvé des canons.
Mes plans étoient dressés: dans deux jours, cette race,
Tombant à mes genoux, alloit demander grace...
Mais le peuple m'appelle: à sa voix, un héros
Quitte tout, et son corps ne prend aucun repos.

ROBESPIERRE.

Oui, le peuple t'appelle: une affaire importante
Exige de ton bras la présence effrayante.
Souviens-toi du grand jour où le peuple étonné
Par la mort de LOUIS vit son vœu couronné,
Des applaudissemens que recueillit Santerre,
Quand d'un tyran féroce il délivra la terre:
A ce brave, demain, les mêmes fonctions
Assurent à jamais nos bénédictions.
Ainsi que son époux, couverte d'infamie,
La veuve de Capet demain perdra la vie.

SANTERRE.

Tout est-il bien prévu? Citoyen, croyez-vous
Que je puisse sans crainte, et sans danger pour nous?...

Le peuple la voit grande : et je dois vous le dire,
Avec ce calme froid que l'innocence inspire,
Antoinette, bravant les décrets du Sénat,
Sur son malheureux sort fait jaillir quelqu'éclat...
Des yeux mouillés de pleurs me causent des alarmes.

ROBESPIERRE.

On tarit les sanglots par le moyen des armes.
Qu'Antoinette en ces lieux compte quelques amis...
Nos zélés Sénateurs sont tous ses ennemis.
Du peuple cependant enflamme la vengeance :
Qu'il demande son sang. Ma sage prévoyance
Ne voit qu'avec effroi, quelle facilité
Donne aux agitateurs cette légéreté
Qui forme des Français le foible caractere :
Chez lui tout sentiment est un être éphémere,
Qui naît dans un moment, et périt dans un jour.
Sa haine s'évapore, en produisant l'amour...
Pour l'exécution prends de justes mesures :
Celles de la terreur sont toujours les plus sûres :
Que de bouches à feu l'attirail effrayant,
Accompagne au supplice un monstre dévorant.
Entre tous les soldats, choisis les plus barbares,
Ceux qui du sang humain furent les moins avares.
Conduis-la, citoyen, jusque sur l'échafaud :
Commande le silence : et même, s'il le faut,
Si des cris s'élevoient, poignarde la victime.

SANTERRE.

J'ai le cœur assez fort pour commettre un grand crime.

ROBESPIERRE.

Va donc : dispose tout.

SANTERRE.

Assurez vos amis
De l'entier dévoûment que Santerre a promis...
Ah ! qu'il est doux pour moi de conduire au supplice
D'un tyran raccourci la femme et la complice !...
Je pourrai donc enfin promener mes regards
Sur son sang répandu, sur ses membres épars !...
Je voudrois avec elle égorger cette fille...
Ce monstre Elisabeth, et toute la famille ;
Abreuver de son sang, et régaler Paris
Des cœurs fumans encor des freres de Louis !

ROBESPIERRE.

Hâte-toi... dans Paris des cris se font entendre...
On l'amene... peut-être a-t-on voulu surprendre...

Peut-être en ce moment, nos soldats entourés
Reculent lâchement devant les conjurés...
Antoinette peut-être est-elle triomphante ?...
Entends tu les clameurs ? ah ! contre mon attente,
Si cette horrible femme évite le trépas,
Pour finir mon destin, je trouverai mon bras...
Ecoute... oh !... non.... j'entends les cris de la victoire :
Ils veulent, comme nous, étouffer sa mémoire.
Profite du moment.

SANTERRE.

Je cours où le devoir
M'appelle : dans l'instant je vous ferai savoir
Quels sentimens au peuple inspire la présence
De l'infâme Antoinette : et si c'est l'indulgence,
Alors n'écoutant plus qu'un noble désespoir,
(Il tire un poignard.)
Je la poignarderai ; voilà tout mon espoir...
S'il ne peut la frapper, il sera pour Santerre ;
Un des deux, en ce jour, rentrera dans la terre :
J'en jure par ce fer, par l'ombre de Marat.

ROBESPIERRE.

Ne crains pas, citoyen, d'être trop scélérat.

SCENE II.

ROBESPIERRE, LE GEOLIER.

ROBESPIERRE.

Vous devez préparer à l'infâme Antoinette
Un cachot.

LE GEOLIER.

Tout est plein.

ROBESPIERRE.

Imposteur !... on projette....
Je vois ton embarras...

LE GEOLIER.

Il reste un souterrain,
Cloaque infect, humide : il seroit inhumain...

ROBESPIERRE.

Il seroit inhumain !... ce mot aristocrate
Ne fut jamais connu d'un homme démocrate.
Un vrai républicain, dans son atrocité,
Ne commet des forfaits que par humanité,

Il fait couler le sang : mais trop d'hommes en France
Empêchent de donner au peuple l'abondance.
Que la moitié périsse... et le reste est heureux :
L'indigence est le sort d'un peuple trop nombreux.
Pour le peuple français les tourmens d'Antoinette
Sont un soulagement au sein de la disette.
Montre-moi ce cachot.

LE GEOLIER.

Il inspire l'horreur ;

(*Il l'ouvre. Robespierre se présente à la porte, et recule.*)

C'est un tombeau. Voyez, supportez-vous l'odeur ?
Vivra-t-elle au milieu des vapeurs empestées ?

ROBESPIERRE.

Tu devois m'avertir... des femmes détestées
Ne peuvent demander un plus tranquille sort,
Que d'habiter ces lieux, en attendant la mort...
Antoinette, voilà ton palais...

LE GEOLIER.

Mais personne
Ne veut entrer.

ROBESPIERRE.

Pourquoi ?

LE GEOLIER, *bas.*

La fange... je frissonne....
Je suis perdu...

ROBESPIERRE.

Que tout demeure au même état.
Chercher à l'embellir seroit un attentat.

LE GEOLIER.

Comment placer un lit !

ROBESPIERRE.

Une botte de paille
En tout tems a suffi pour coucher la canaille :
Va la chercher.

LE GEOLIER, *bas.*

Hélas !

SCENE III.

ROBESPIERRE, *seul.*

Son obstination
Annonce un homme traître à la Convention...
D'Antoinette il pourroit nous dérober la trace....
Qu'un autre plus fidele occupe cette place...

Il sera dénoncé. Conserver du respect
Pour un objet d'horreur, c'est devenir suspect.

SCENE IV.

ROBESPIERRE, BARRERE, UN JACOBIN.

ROBESPIERRE.

BARRERE arrive seul ! . . . au fond d'une retraite,
Le peuple en ce moment cache-t-il Antoinette ?
Il l'aimoit . . . je frémis . . . Barrere, est-il pour nous ?
Devons-nous craindre ?

BARRERE.

Non, il est à nos genoux,
Prosterné, suppliant : en excitant sa rage,
Nous avons de son cœur extirpé le courage.
Ces hommes criminels, instruits par nos leçons,
Attendent leur salut de la mort des Bourbons. . . .
Antoinette descend . . . elle apperçoit la porte. . . .
Un chien hurle. . . elle tombe . . .

ROBESPIERRE.

Hé! mais... est-elle morte ?

BARRERE.

Non, non. Les nerfs, dit-on, lui causent des vapeurs.

ROBESPIERRE.

Ici, pour les guérir, on trouve des odeurs.

BARRERE.

Ce palais enchanté demande une princesse !
Il est trop somptueux!... qu'elle odeur qui m'oppresse!..
Elle est cadavéreuse !

ROBESPIERRE.

Et voilà justement
Ce qu'il faut pour guérir l'évanouissement.

SCENE V.

(On apporte la Reine évanouie.)

ROBESPIERRE, BARRERE, UN JACOBIN, GARDES.

BARRERE.

LA voilà cette femme autrefois souveraine ;
Celle qu'on adoroit, parce qu'elle étoit Reine,
Qui, comptant ses aïeux, comptoit autant de Rois ;
Celle qui se croyoit protectrice des lois ;

Celle dont la grandeur, excitant notre rage,
A toujours empêché d'ordonner le carnage :
Celle qui refusa de quitter son époux,
Et voulut à Varenne exciter son courroux.
Qui malgré nos décrets se dit encor la mere
De ces deux orphelins, dont le peuple est le pere.
Celle enfin qui jadis avoit quelques vertus....
Sa grande ame, en ce jour, est un crime de plus.
Car, pour fixer des lois que dicte le caprice,
Nous devons ordonner du juste le supplice.

UN DES GARDES *qui portent la Reine.*

Antoinette affoiblie a besoin de secours.
La renfermer sans soin, c'est terminer ses jours.

BARRERE.

Non, non. Dans ce cachot qu'on la jette.

(La Reine est jettée évanouie dans ce cachot.)

SCENE VI.

LES MÊMES; UN ENVOYÉ DE SANTERRE.

BARRERE.

ANTOINETTE....

Es-tu bien ?... Je lui parle, elle reste muette !...
Jugez ce que, sur elle, on peut par la douceur ?
Elle m'entend... je vois dans ses yeux la fureur :
La pâleur de son teint, cette bouche béante,
Ces membres agités, cette main menaçante,
Tout dit qu'elle médite un perfide dessein...
Et la France a nourri ce monstre dans son sein !....
Elle respire encor !... qu'as-tu donc fait, Santerre ?
Tarderas-tu long-tems à délivrer la terre !...
Il ne vient pas.... aucun, parmi nos généraux,
Ne peut, autant que lui, faire agir les bourreaux.

L'ENVOYÉ DE SANTERRE.

Citoyen, ce grand homme, instruit par Robespierre,
Dispose en ce moment la force nécessaire.
Je suis son envoyé. Commandez ; tout est prêt :
Le peuple et les soldats attendent votre arrêt.

ROBESPIERRE, *à l'envoyé de Santerre.*

Citoyen, surveillez la garde d'Antoinette :
Ici tout est suspect : qu'une femme discrette
Ait seule le pouvoir d'entrer dans le cachot :
Visitez tous les mets... les habits... ou plutôt,

Veillez en attendant que la commune ordonne.
Sans être autorisé, n'introduisez personne...
Et nous, Barrere, allons disposer les témoins
A forcer un arrêt dirigé par nos soins.

BARRERE, *à l'envoyé de Santerre.*

Laissez-la, citoyen; son reste d'existence
Doit trouver autour d'elle un ténébreux silence.

SCENE VII.

Le silence regne quelques momens sur la scene. La Reine se réveille comme d'un profond sommeil.

LA REINE, *seule.*

OU suis-je... encor vivante!... est-ce ici mon tombeau?
Dois-je attendre, en ces lieux un infâme bourreau:
Ou, sensible à mon sort, quelque main tutélaire.
Donne-t-elle à mes maux un secours nécessaire?
Dois-je trouver la vie au séjour de la mort?
Mais je suis expirante: et le dernier effort
A jusques dans mes os épuisé la nature:
Ma bouche ne prend plus aucune nourriture.
Mon corps est desséché par des tourmens affreux....
Mon cœur flétri, de pleurs n'arrose plus mes yeux....
O toi, Dieu tout-puissant, le soutien que j'implore,
Sois le seul protecteur de celle qui t'adore!...
Ah! je sens approcher le moment du trépas:
Prête à monter vers toi, ne m'abandonne pas.
Je demande, ô mon Dieu, ton heureuse présence:
Reçois-moi dans ton sein. Les cris de l'innocence,
S'élevant jusqu'à toi, sont toujours écoutés:
Que mes cris douloureux ne soient pas rejetés....
Au faîte des grandeurs, mon ame fut docile
Aux sublimes leçons de ton saint évangile;
Elle attend aujourd'hui, dans son abaissement,
Du bonheur qu'il promet l'heureux avénement.
Oh! qu'il tarde long-tems, ce jour que je désire!...
Quand, à l'air empesté qu'en ce lieu je respire,
Doit succéder enfin, au céleste séjour,
Le parfum éternel du plus parfait amour?...
Mais je dois adorer ta sage providence....
Ma bouche devant elle est réduite au silence....
O vous, morts dont les chairs exhalent dans ces lieux
De fétides vapeurs, que vous êtes heureux!....

Hélas ! . . . ce noir cachot préparé pour les crimes,
Auroit-il renfermé d'innocentes victimes ?
Le silence, la nuit regnent autour de moi . . . .
Mais, avec Dieu, mon ame est exempte d'effroi. . . .
Grand Dieu, que pour mon bien, ta volonté soit faite !
Tu m'avois destiné cette sombre retraite,
Où, seule avec mon cœur, je puis l'interroger,
Le laver dans mes pleurs . . . Ils viennent me juger . . .
J'entends un bruit confus . . . la cohorte s'avance . . .
Je les vois.

SCENE VIII.

LA REINE, LE MAIRE DE PARIS, LE GEOLIER, GARDES.

LE MAIRE.

QUEL forfait . . . ta tardive vengeance
Souffre tout sans punir, ô peuple trop humain ! . . .
Tes agens pour les lois affichent du dédain :
Eveille ta fureur. Qu'elle soit dirigée
Contre un traître. Veut-il qu'elle soit dégagée ?
Pourquoi sous les verroux ne l'enfermez-vous pas,
Geolier ?

LE GEOLIER.

Ah ! j'éprouvois un étrange embarras.
Arrivant en ces lieux, elle vivoit à peine.
Nous l'avons mise là, sans pouls et sans haleine.
Je craignois que la mort, en creusant son tombeau,
N'enlevât cette femme à la main du bourreau.
Sa vie est à mes yeux de si grande importance,
Qu'en ces lieux j'ai fixé mon utile présence.

LE MAIRE.

Votre excuse suffit . . . fermez, et n'ouvrez plus :
Pour un si mince objet tous soins sont superflus. . . .
Le peuple en sa bonté veut, pour sa nourriture,
Qu'elle ait du pain, de l'eau, point d'autre fourniture :
Et pour déterminer en quelle quantité,
Il fixe la mesure à la nécessité.
Ce peuple généreux, faisant un sacrifice,
Avec égalité veut rendre la justice . . . .
Elle doit pour toujours demeurer au secret.
Votre tête en répond : voilà notre décret.

LE

LE GEOLIER.

Il est juste, il est sage.

SCENE IX.

LE GEOLIER, *seul.*

AH ! comment la vengeance
De quelques scélérats a-t-elle armé la France?
Comment, depuis quatre ans, sans autel et sans loi,
Peut-elle ne pas voir qu'elle a besoin d'un Roi? . . .
Comment dans ses forfaits puis-je tremper moi-même;
Et lutter si long-tems contre le diadème?
Comment tout le mépris que j'ai pour le Sénat
Ne m'éloigne-t-il point du plus noir attentat? . . .
Il est trop tard . . . chargé d'une pesante chaîne,
Je dois suivre en tremblant le torrent qui m'entraîne.

SCENE X.

BARRERE, ROBESPIERRE, LE GEOLIER.

BARRERE.

OUI, j'en conviens . . . elle a cet air grand et flatteur;
Ce ton de majesté, cette aimable douceur,
Que jadis nos respects honoroient sans mesure.
Aujourd'hui nous voulons que, vile créature,
Elle soit bafouée, et que le peuple enfin,
Par son mépris railleur, aggrave son destin.
Quels moyens employer?

ROBESPIERRE.

J'en sais un, l'abstinence:
Qu'elle éprouve la faim, jusqu'à la défaillance:
Alors, ses yeux éteints, ses membres chancelans,
Ne nous offriront point des gestes menaçans . . .
Je la vois, sur un char, dans Paris promenée . . .
Le peuple en ses regards cherche sa destinée. . . .
Mais sa tête penchée, et son livide sein,
Lui disent d'obéir; qu'elle ne peut plus rien.
La honte et le remords sembleront la poursuivre. . . :
Le peuple bénira la main qui le délivre.
Point d'habit sur son corps: chassons l'austérité
Par le tableau frappant de cette nudité:
Voilà l'ordre, geolier.

SCENE XI.

LE GEOLIER, *seul.*

A cet ordre cruel
Ne dois-je rien changer ? Antoinette, l'autel
Est préparé. Tu vas, ô sublime victime,
Mourir dans les tourmens, dans l'opprobre, et sans crime!
Et moi ! . . . que suis-je, hélas ! un servile instrument,
Qui ne peut soulager le sort de l'innocent ! . . .
Si le hasard, enfin se déclarant pour elle,
Dissipoit à ses yeux cette horde cruelle ? . . .
Si, retournant encor à son premier état,
Elle vengeoit la France, en jugeant le Sénat ? . . .
Que deviendrois-je ? . . . ô toi, puissance que j'implore,
Développe à mon cœur l'avenir que j'ignore.
Destin, ame du monde, et maître de mon sort,
Toi, qui files nos jours, et nous donnes la mort !
Destin ! . . . car si, d'un Dieu, je croyois l'existence,
J'irois, avec mon corps, couvrir son innocence . . . .
Cependant je suis seul : le desir de la voir
Me fait en ce moment oublier le devoir.
Mon ame à ses malheurs, malgré moi s'intéresse . . . .
Je ne puis résister au désir qui me presse . . . .
(Il entr'ouvre la porte.)
Incomparable femme ! elle ne gémit pas !
Ses yeux fixent le ciel ! . . . elle y porte ses bras ! . . .
O sublime entretien ! . . . elle nomme son ange,
Son Dieu, sa foi, les saints !.... Mais si je la dérange....
Si ses yeux languissans ont trouvé le sommeil . . . .
Troublerai-je sa paix par un affreux réveil ? . . . .
Antoinette.

SCENE XII.

LA REINE, LE GEOLIER.

LA REINE.

Mortel, qui paroissez sensible,
Ne vous affligez point, mon cœur est impassible ;
Votre Reine abaissée a trouvé dans sa foi
Un espoir assez grand pour être sans effroi.

J'ai satisfait à Dieu par de longues souffrances :
J'attends... il me promet de grandes récompenses.
Je porte dans mon cœur cette céleste paix,
Que toute leur fureur ne détruira jamais.

LE GEOLIER.

Mais votre délivrance est peut-être possible ?

LA REINE.

Ah ! ne la tentez pas, leur fureur est terrible.
Quittez vîte, quittez ce funeste séjour :
Par votre éloignement prouvez-moi votre amour...
Dites à mes amis qu'Antoinette pardonne.
Qu'ils ne la vengent pas.

LE GEOLIER.

Votre grandeur m'étonne.
Dans l'excès du malheur, sans consolation,
Hé ! qui donc vous soutient ?

LA REINE.

C'est ma religion.

LE GEOLIER.

Antoinette, à mes yeux que je suis méprisable !

SCENE XIII.

LA REINE, LE GEOLIER, UN INCONNU.

L'INCONNU.

RECEVEZ cet œillet.

LE GEOLIER.

Que fais-tu, misérable ?
Tu me perds !

(Il ferme la porte du cachot.)

C'en est fait... il faut donc déposer
Contre elle, malgré moi, pour pouvoir me sauver !
Inutiles remords!... je manque de courage...
Par de nouveaux forfaits réveillons notre rage...

(A l'Inconnu.)

De ces horribles lieux, imprudent, sauve-toi.
Je vais les prévenir.

L'INCONNU.

Il me glace d'effroi...
Ai-je des surveillans? sa retraite subite,
Ce verroux refermé, son discours, tout m'agite.

SCENE XIV.

LA REINE, LE MAIRE DE PARIS, LE GEOLIER *qui ouvre la porte du cachot*, GARDES.

L'Inconnu s'échappe par l'autre côté du théatre.

LE MAIRE.

VIENS, sors de ces cachots : aux pieds du tribunal,
Viens confesser un crime à la France fatal.

LA REINE.

Quel est-il ?

LE MAIRE.

Au conseil tu décidas la guerre
Qui de bons citoyens dépeuple notre terre.

LA REINE.

Je n'y parus jamais.

LE MAIRE.

Non ; mais à ton époux
Tu donnas des avis, causes de son courroux.
Depuis trois ans, le sang est versé par tes ordres.

LA REINE.

Mon emprisonnement, le premier des désordres,
Prouve mon impuissance.

LE MAIRE.

A ton fils, comme Roi,
Tu fais prendre le pas, il marche devant toi.

LA REINE.

Hélas ! ce souvenir augmente ma misere :
Un fils cherche toujours les regards de sa mere.
O mon fils !... est-il mort ?

LE MAIRE.

Il vit ; et le Sénat
A consenti qu'il fût aux charges de l'Etat.

LA REINE.

Je lui desire un bien... celui de l'innocence...
Le juste malheureux croit à la providence.
Elle donne à son gré la bassesse ou l'honneur ;
Mais elle assure au ciel la solide grandeur.

LE MAIRE.

Le crime qu'avec lui tu commis est horrible.

LA REINE.

O meres ! répondez ; ce crime est-il possible ?

LE MAIRE.

Tu gardois des cheveux, un cœur rouge enflammé,
Des portraits, des écrits, dans un coffre fermé.

LA REINE.

Les yeux de la fureur, cherchant une victime,
Dans l'innocence même apperçoivent un crime.

LE MAIRE.

Hé bien, tu répondras à tes accusateurs.
Viens rougir : viens pleurer.

LA REINE.

De vils agitateurs
Des Reines et des Rois s'établissent les juges !
Mon juge et Dieu... près d'eux n'ayant pas de refuge,
J'obéis à la force, en réclamant la loi.
Je brave leurs fureurs... la justice est pour moi.

(*La Reine est entourée par les Gardes.*)

LE COMMANDANT.

Marche.

LE MAIRE.

Bravo ! Bravo !

LA REINE, *au Maire.*

Par ton injuste haine,
Tu ne peux irriter ta légitime Reine.
Ainsi que mon époux, je porte dans mon cœur
Le pardon généreux, monstre, de ta fureur...
Apprends qu'à tes mépris mon ame inacessible
Gémit sur tes malheurs. La vengeance terrible
De l'univers entier, qui va fondre sur toi,
Est l'ordre de ce Dieu, dont tu proscris la foi.
Le sang de mon époux fume encore... il pardonne...
Mais le bras tout-puissant qui soutient la couronne,
Lassé de tes forfaits, va bientôt te frapper.
Je péris sans remords, et toi, tu dois trembler.

Fin du quatrième acte.

ACTE V.

SCÈNE PREMIÈRE.

ROBESPIERRE, BARRERE.

ROBESPIERRE.

La rage est dans mon cœur!.. jusqu'au fond des entrailles,
Je sens des traits poignans... Ah! lorsque dans Versailles,
Par d'atroces conseils, j'engageois Orléans,
A faire massacrer époux, mères, enfans,
Mon ame étoit plus calme; et ma fureur tranquille
Machinoit en secret contre cette famille.
Trop lâche, il ne put être un illustre assassin.
Mais conduit à Paris par un heureux destin,
Capet sentit encor tout le poids de ma haine....
Je conservai l'espoir, en contemplant sa chaîne...
Avec un front serein appellant le bourreau,
Je réussis enfin à dresser l'échafaud...
Louis, par mes travaux, a terminé sa vie...
Sa femme existe encor; et malgré mon envie,
Mes complots, mes clameurs, je tremble qu'à mes coups
On ne l'arrache.

BARRERE.

Oh! oh!

ROBESPIERRE.

Peut-être à ses genoux
Le tribunal tremblant humblement se prosterne...
Le silence du peuple, en ce jour, me consterne.
A la mort de l'époux les applaudissemens
Purent déconcerter les foibles mécontens....
Antoinette répond: mais sa persévérance
D'une ame pure et noble annonce l'innocence.
Elle parle, et déjà ses crimes ne sont plus:
Les siècles avenir y verront des vertus...
Le tribunal chancelle... il attend... il espère,
Avant de prononcer, un secours de Santerre.
Santerre est endormi, les soldats enivrés.
Peut-être sommes-nous aux malveillans livrés...
S'il ne condamne pas, j'atteste ma vengeance
Que je fais égorger les trois quarts de la France.

BARRERE.

Antoinette mourra : je t'en fais le serment.
Tes desseins sur la France exigent cependant
De sublimes efforts. A nos missionnaires
Ajoutons des soldats révolutionnaires.
Livrons tout cet Etat à la destruction.
Des Peuples et des Rois que l'exécration,
Sur des débris sanglans, assure notre empire ?

ROBESPIERRE.

Rien n'est possible encor : Antoinette respire.

SCENE II.

ROBESPIERRE, BARRERE, UN SANS-CULOTTE.

LE SANS-CULOTTE.

Santerre et ses soldats, rendus au tribunal,
Citoyen, vont forcer le jugement fatal.
Déjà de tous côtés des cris se font entendre :
Ils demandent son sang ; ils veulent le répandre :
Et si cette tigresse échappe à l'échafaud,
Un zélé citoyen deviendra son bourreau.

ROBESPIERRE.

Ah ! mon ame est contente... ô crime salutaire !...
A nos vastes projets il étoit nécessaire...
Notre pouvoir est grand.

BARRERE.

Il reste des Bourbons.

ROBESPIERRE.

N'avons-nous pas, amis, d'infaillibles poisons ?

LE SANS-CULOTTE.

Tronson a demandé, par forme de requête,
Un nouvel entretien : le tribunal s'arrête...
Il écoute le peuple, et le peuple se tait...
L'espoir de la sauver dans ses conseils renaît...
J'ai vu, non sans frémir, triompher la justice.

ROBESPIERRE.

Elle est encore !... parle : achève mon supplice.

LE SANS-CULOTTE.

Ils sont autorisés à lui parler encor...
On pense que peut-être un apparent remord
Pourra forcer l'aveu de sa scélératesse.

ROBESPIERRE.

On attendroit envain des marques de foiblesse.

…est trop grande. Un cœur qui se croit innocent,
…nd il est elevé, résiste constamment.
…e tardons pas, Barrere, allons. Tronson s'avance :
Allons décider tout.

BARRERE.

Comment ?

ROBESPIERRE.

Notre présence
Suffit. Le tribunal instruit peut prononcer,
Et laisser avec elle un pédant converser.

BARRERE.

Je suis.

SCÈNE III.

TRONSON, *seul.*

N'ESPÉRONS point. La voix de l'innocence
Est proscrite, et devient un crime, en leur présence.
Je parlois avec force : ils ne m'écoutoient pas.
Mes courageux travaux produiront mon trépas.
Oui .. tous ses défenseurs supporteront la peine
D'avoir osé parler en faveur d'une Reine...
Je serai donc couvert d'un cruel déshonneur !...
J'éclairai, sans succès leur horrible fureur !...
Combien dans ses refus Antoinette étoit sage !...
Elle vouloit, sans nous, s'exposer à leur rage.
Vous vous perdez, dit-elle, et ne me sauvez pas.
En renonçant à moi, tirez-vous d'embarras...
O sublime Princesse !... ô femme généreuse !...
Jusques dans ses tourmens, je la vois vertueuse...
Elle va succomber ! mon cœur, mon triste cœur,
Le reste de mes jours séchera de douleur...
Comment la délivrer ? Sans force, sans puissance !...
Antoinette périt !... et périt dans la France !...
Ses tyrans, ses bourreaux, quels sont-ils ?.. des Français!..
Ingrate nation !... exécrable à jamais !...
Ah ! tu ne connois pas les vertus d'Antoinette;
Viens la considérer : dans sa douleur muette,
Apprends avec quel calme elle attend ses bourreaux.
Contemple sa pâleur, ses habits en lambeaux...
Son corps exténué, privé de nourriture,
A, pour se reposer, un fond de pourriture !
L'entends-tu murmurer ? non... elle pense à toi :
Et voulant ton bonheur, elle désire un Roi.

SCÈNE

SCÈNE IV.

LA REINE, TRONSON, LE GEOLIER.

TRONSON.

Pour la dernière fois, geolier, ouvre la porte.
(Le geolier ouvre la porte du cachot.)
Sa présence m'abat... sa vertu me transporte !...
Malheureux ! .... ah ! pourquoi, si proche de la mort,
Pour la persécuter, faire un dernier effort !...
Laisser dans le cachot cette femme expirante !...
Elle approche... ô ma Reine !

LA REINE.

Ame compatissante,
Par d'inutiles pleurs ne troublez point la paix
Que je veux dans mon cœur conserver à jamais.
Mon ame, par la grace, a conçu l'avantage
De briser les liens d'un honteux esclavage....
La terre n'est plus rien ; et j'attends l'heureux jour
Où je dois habiter le céleste séjour.
Expliquez-vous sans crainte.

TRONSON.

Il est encor possible
De prolonger.

LA REINE.

Laissez cet ouvrage pénible.
Mais parlez, mon trépas seroit-il incertain ?...

TRONSON.

L'honnête homme mourant, à ce peuple inhumain,
Fournit depuis quatre ans un brillant jour de fête.

LA REINE.

Hé bien ! pour son plaisir qu'il prenne encor ma tête.

TRONSON.

Le tribunal permet, avant de prononcer,
Un nouvel examen ; il cherche à vous sauver.

LA REINE.

Et moi, je vois un piège en sa condescendance.
Il veut, en retardant, fatiguer ma constance.

TRONSON.

Que lui dirai-je ?

LA REINE.

Rien... Voulez-vous mon bonheur ?
Faites qu'avant la mort je puisse voir ma sœur,
Embrasser mes enfans, les bénir .... Je pardonne .....
Aux Français, au Sénat... faites ce que j'ordonne ...
Je confesse, en mourant, cette religion,

Source de mon espoir, ma consolation....
A tous les bons Français recommandez mon ame;
Le bonheur éternel est l'objet qui l'enflâme.
Parlez au tribunal!.... évitez son courroux.
Je ne crains pas pour moi; mais je tremble pour vous.

SCÈNE V.

LA REINE, *seule*.

DANS ce dernier moment, où l'œil de l'innocence
Ne fixe qu'en tremblant l'éclat de ta présence,
Où, le cœur desséché par mille souvenirs,
Craint encor le retour de criminels desirs:
Viens, ô mon rédempteur! viens consoler mon ame:
Viens la remplir du feu de ta divine flâme....
Que tous mes sentimens soient concentrés en toi.....
Seigneur, ouvre ton sein, récompense ma foi...
Ah! mon cœur est brûlant! Antoinette, es-tu digne
D'obtenir de ton Dieu cette faveur insigne?....
Ingrate!.... as-tu connu les devoirs de sa loi,
Et n'as-tu pas franchi les bornes de la foi...
Au ministre apostat donnant ta confiance?....
Auprès d'un criminel, tu cherchas l'innocence!...
Ai-je péché, grand Dieu!... mais la nécessité
Excuse devant toi cette témérité....
Du salut éternel, mon unique espérance,
Dans la confession je trouvois l'assurance....
Tes ministres intacts, persécutés, errans...
J'attendois sans espoir leurs avis consolans....
Du prêtre l'apostat gardant le caractère,
J'ai, connoissant ma mort, droit à son ministère...
Je sens naître en mon ame, un sentiment plus doux.
Quel sublime transport!.... la voix de mon époux
Se fait entendre.... « Au ciel, généreuse martyre,
» Tu vas trouver la paix, que ton esprit desire....
» Tes bourreaux par leur rage assurent ton bonheur.»
Saint époux aujourd'hui deviens mon protecteur.
Je t'implore.... O mon fils! ô ma sœur! ô ma fille!
O restes malheureux de toute la famille,
Frères, qui gémissans dans un autre climat,
Cherchez à réparer les malheurs de l'Etat!
O vous, Condé, Bourbon, dont le mâle courage
Oppose des héros aux fureurs de la rage!
Noblesse infortunée! et vous zélés sujets,
Dont le fer des bourreaux étouffe les regrets!...
Mon époux est au ciel.... Dieu l'écoute... il demande....
Faites, en l'implorant, ce que l'honneur commande.

Venez ; donnez l'espoir à votre jeune Roi,
De rétablir enfin et l'empire et la foi....
Je laisse à vos vertus le soin de son enfance....
Vainquez et pardonnez : c'est la noble vengeance.
Je les vois.... approchez.... Messieurs, ne tardez pas
A m'annoncer le jour et l'heure du trépas.

SCÈNE VI.

LA REINE, DEUX MEMBRES DU COMITÉ RÉVOLUTIONNAIRE, SANS-CULOTTES.

UN MEMBRE DU COMITÉ.

L'ARRÊT est prononcé : nous venons vous l'apprendre.

LA REINE.

Je l'attendois ; parlez ; je suis prête à l'entendre.

LE MEMBRE.

Le peuple en sa fureur, venoit vous égorger :
Le sage tribunal a su vous ménager.

L'AUTRE MEMBRE *lit.*

Antoinette est coupable : elle porte en ses veines
Un sang qui produisit et des Rois et des Reines...:
La race des Capet, pendant plus de mille ans,
Aux Français asservis a fournis des tyrans.
L'épouse du dernier, la fille de Thérèse,
A conçut les forfaits commis par Louis Seize.
La République, en elle, apperçoit l'instrument
Qu'on oppose sans cesse à son accroissement.
Depuis deux ans, le peuple éprouve la disette ;
Et cet horrible crime est celui d'Antoinette.
Elle a, dans sa prison, englouti tout l'argent.
Elle est des émigrés le conseil et l'agent.
Par ses perfides coups nos citoyens périssent ;
Le soldat fuit la mort ; les généraux trahissent ;
La Vendée en son sein entretient des brigands
Qui veulent rétablir le règne des tyrans.
En elle ses enfans concentrent leur tendresse :
Ils n'ont point, dans leurs cœurs, étouffé la noblesse.
Enfin de son époux l'indigne souvenir,
De sa vengeance atroce annonce le desir.

LE PREMIER MEMBRE.

Ces crimes sont prouvés. Qu'avez-vous à répondre ?

LA REINE.

L'Univers répondra qu'ils ne peuvent confondre
Une Reine de France avec des scélérats.
De ces crimes prouvés quels sont les résultats ?
Les uns sont des vertus ; les autres, improbables,

LE MARTYRE

Dans vos représentans dénoncent les coupables....
Le monde entier vous voit : ma mort est le signal
Qui doit à vos projets porter le coup fatal....
Au milieu du Sénat la discorde ennemie,
A longs traits versera le poison de l'envie,
Devenant l'un pour l'autre, un horrible bourreau,
Ses membres tour-à-tour rougiront l'échafaud....
Cherchant à s'aveugler sur leurs crimes infâmes,
Ils diront aux Français que leurs corps n'ont point d'ames.
La mienne est à ce Dieu que vous méconnoissez....
Il m'attend.... le ciel s'ouvre.... hâtez-vous : finissez.

LE MEMBRE.

Pour exercer sur vous une exacte justice,
Le tribunal ajoute un article au supplice.

LA REINE

Quel est-il ?

LE MEMBRE.

Votre mort suivra le déshonneur.

LA REINE.

Ingénieux effort d'une aveugle fureur !...
L'homme injuste peut bien ordonner le supplice ;
Mais, pour le déshonneur, il ne vient que du vice.
Achevez.

L'AUTRE MEMBRE *lit.*

Du Français bravant la liberté,
Antoinette nia sa haute majesté.
Devant son Souverain, jusque près la ceinture,
Elle paroîtra nue.

LA REINE.

Ah ! toute la nature
Doit frémir ! ... un arrêt qui détruit la pudeur ! ...
Des mœurs du citoyen tribunal corrupteur !
N'étoit-ce pas assez d'immoler ta victime ! ...
Hé quoi ! ... pour assouvir la rage qui t'anime,
Fouler aux pieds !..grand Dieu !..le respect des païens.
La pudeur n'est donc plus la vertu des chrétiens !
Que dis-je, des chrétiens ! ..non, non, l'enfer les guide !..
L'assassin de son Roi est aussi déicide...
Cet horrible tourment ajoute à mon espoir :
Dieu récompense au ciel. Me permet-on de voir
Mes enfans et ma sœur ?

LE MEMBRE.

Non.

LA REINE.

Ah ! ce sacrifice
Est le seul douloureux.

www.ingramcontent.com/pod-product-compliance
Ingram Content Group UK Ltd.
Pitfield, Milton Keynes, MK11 3LW, UK
UKHW021006180726
13838UKWH00003B/1472